新时代
讲给
少年听

新时代讲给少年听

王炳林◎主编

创新的力量

湛风涛◎编著

中原出版传媒集团
中原传媒股份公司

大象出版社
·郑州·

前言

党的十八大以来，中国特色社会主义进入了新时代，这是我国发展新的历史方位。新时代取得新成就，新时代展现新面貌，新时代涌现新典型，新时代产生新故事。

为帮助当代青少年读懂新时代，我们以“小切口”阐述“大主题”，重点选择反映党的十八大以来，广大党员干部和各族人民群众在以习近平同志为核心的党中央领导下不懈奋斗、取得辉煌成就的典型案例和鲜活故事，以点带面，总结分析，分门别类编成八卷本丛书，依次为《飘扬的党旗》《美丽的中国》《大国的担当》《人民的江山》《创新的力量》《飞扬的梦想》《共同的富裕》《文化的自信》。每卷独立成书，连贯起来又构成一个整体，全景式、系统化展现新时代党和国家事业取得的历史性成就、发生的历史性变革。

在叙述方式和语言风格方面，我们努力贴近新时代青少年的阅读习惯、接受特点，以青少年喜闻乐见的新方式、新表达进行语言“编码”，用通俗易懂的文字和形象生动的图片，讲清来龙去脉，剖析前因后果，让青少年读起来犹如身临其境，以见证者和参与者的身份感受新时代的脉搏与荣光。

我们深知，一部好的作品既要告诉读者已发生的事实，更要告诉读者事实发生的背后原因，因此，我们在书中设计了相关栏目，融入了党的二十大精神、习近平总书记相关重要论述等内容，阐释了党的十八大以来我们面对种种风险挑战乃至惊涛骇浪，之所以能解决许多长期想解决而没有解决的难题，办成许多过去想办而没有办成的大事，根本在于习近平新时代中国特色社会主义思想的科学指引，在于以习近平同志为核心的党中央的坚强领导，有助于青少年更加深刻领悟“两个确立”的决定性意义。我们力图使新时代故事既有温度又有高度，有助于青少年从新时代的伟大变革中启迪智慧、砥砺品德，收获关于青春价值和人生方向的更多思考。

青少年朋友们，你们生逢盛世，新时代为你们开启了无限广阔的发展前景，搭建了人生奋斗的出彩舞台。习近平总书记这样寄语：“希望广大青年用脚步丈量祖国大地，用眼睛发现中国精神，用耳朵倾听人民呼声，用内心感应时代脉搏，把对祖国血浓于水、与人民同呼吸共命运的情感贯穿学业全过程、融汇在事业追求中。”希望这套丛书能够成为你们在青春赛道上奋力奔跑的一份精神食粮，激励你们在新征程上自觉将爱国之情、报国之志与精进学业、锐意创新相结合，用实干诠释新时代青年的责任与担当。我们相信，实现第二个百年奋斗目标新的赶考之路，你们定能写下不负党和人民的精彩答卷！

2023 年 8 月 20 日

目录

发展是世界各国人民的共同愿望和事业。中国作为世界第二大经济体，也面临一系列“成长的烦恼”，党的十八届五中全会提出创新、协调、绿色、开放、共享的新发展理念。习近平总书记在党的二十大报告中提出“必须完整、准确、全面贯彻新发展理念”。新发展理念是指挥棒、红绿灯。这些年，我们把“指挥棒”高高地举起来、“红绿灯”真正地亮起来，交出了“风景这边独好”的发展成绩单。

新发展理念是
指挥棒、红绿灯

01 从雄安新区建设说起

新发展理念即创新、协调、绿色、开放、共享的发展理念，是习近平总书记于2015年10月在党的十八届五中全会上提出的。

创新发展注重的是解决发展动力问题，协调发展注重的是解决发展不平衡问题，绿色发展注重的是解决人与自然和谐问题，开放发展注重的是解决发展内外联动问题，共享发展注重的是解决社会公平正义问题，坚持新发展理念是关系我国发展全局的一场深刻变革。

北京向西南百余千米，一座承载着新时代发展使命的“未来之城”正拔地而起，它就是雄安新区。

过去，京津冀曾流传这样的顺口溜，“北京吃不完，天津吃不好，河北吃不饱”，折射出北京“肥胖”、周边“羸弱”的发展之痛。为解决“大城市病”问题，深入推进京津冀协同发展，2017年，中共中央、国务院决定设立雄安新区。

经过多年建设，雄安新区显雏形、出形象。在这片约2000平方千米的土地上，创新、协调、绿色、开放、共享的新发展理念进行着生动实践，建设大军正在绘就开创历史、引领高质量发展的壮美画卷。

◎●◎“云上雄安”

创新，是雄安新区与生俱来的“特质”。雄安新区的目标是建设国际一流的创新型城市。

如今，雄安新区城市框架全面拉开，环城市外围道路、内部骨干路网、生态廊道、城区水系“四大体系”建设快速推进，看不到的“云上雄安”也在同步进行。

作为雄安新区的“智慧大脑”，城市计算（超算云）中心项目为整个雄安数字孪生城市的大数据、区块链、物联网等提供网络、计算和存储服务。从空气、水质的监测到交通事故、火灾等突发状况的识别，都能发挥重要作用。这就意味着遍布雄安新区各领域的数据信息，将没有任何壁垒，从一出生就长在一起。

雄安新区，正在用“智慧基因”打造高品质的创新型城市，蝶变后的雄安新区将变得更加“智慧”。

◎●◎ 新雄安人

京雄城际铁路上的列车风驰电掣。北京西站至雄安新区最快仅需50分钟，大兴机场至雄安新区最快19分钟可达。

快的，不只是交通。

一批高端高新企业陆续在雄安新区扎根创业、快速成长。截至2022年7月，已有3700余家来自北京的企业到雄安创业发展。

曾在一家建筑科学研究院工作的姚培，在雄安新区宣布设立的次日，便和同事直奔雄安，第一时间感受新区“春天的气息”。原以为到雄安只是一次普通的出差，没想到就此在新区扎下了“根”。姚培和许多来自北京的小伙伴一起，成了“雄漂”，每天忙得不可开交。几年过去了，酸甜苦辣咸五味杂陈。“不过我已经融入这里的工作与生活，从一名‘雄漂’转变成了一名‘新雄安人’，与这座城市一起成长。”“每一个人做好自己的本职工作，其实就是对雄安最

京雄城际铁路雄安站

大的贡献。这里就是我们的家，我们没有理由不做好。”姚培说道。

◎●◎ 雄安版“只此青绿”

先植绿、后建城，是雄安新区建设的一个新理念。良好的生态环境是雄安新区的重要价值体现。

雄安新区的“千年大计”，首先从“千年秀林”开始。2017年11月13日，雄安新区在“千年秀林”9号地块种下第一棵树。6年时间里，雄安新区累计造林超过47万亩（1亩约

■ 雄安白洋淀文化长廊木栈道

合666.7平方米），森林覆盖率由最初的11%提高到34%。与普通植树不同，“千年秀林”中的每一棵树，都有一张属于自己的“身份证”，它链接着雄安森林大数据系统，记录树种名称、来源地、栽植时间、栽植人以及后续的管护等情况，实现了对苗木全生命周期的管理。

在被誉为“华北之肾”的白洋淀，相当长一段时间内曾遭遇“口渴”、污染等问题。雄安新区设立以来，白洋淀各项生态治理工作相继开展。白洋淀水面面积由170多平方千米恢复至290平方千米左右，水质不断改善，进入全国良好湖泊行列。如今的白洋淀碧波荡漾，荷红苇绿。多年不见踪迹的鲈鱼、鳑鲏鱼、黑鱼又重新出现了。青头潜鸭、反嘴

鹬、水雉等大批野生鸟类在白洋淀“安家落户”，从候鸟变成“留鸟”。

◎●◎ 在高水平开放中“雄起”

雄安新区的朱各庄镇，曾经默默无闻，如今正在跨境电商领域崭露“尖尖角”。过去，这里产业基础相对弱，跨境贸易规模小，企业开展跨境电子商务少，获取外贸订单主要靠参加展会等传统方式。2020年4月，国务院批复同意在雄安新区设立跨境电子商务综合试验区。2020年12月，朱各庄产业园作为雄安新区首个跨境电商产业园开园运营。之后，白洋淀产业园和晾马台产业园挂牌运营。雄安新区跨境电子商务综合试验区“两平台七体系”持续优化完善，外贸新业态新模式实现跨越式发展。

不只是跨境电商，距离跨境电子商务综合试验区朱各庄产业园不远处，雄安新区综合保税区项目正有序建设。未来，雄安新区将以融资租赁、跨境电商、分装分销等业态为重点，用好“雄安新区＋自贸试验区＋跨境电子商务综合试验区＋综合保税区”四区叠加优势，打造特色鲜明、国内一流的综合保税区。

02 >>> 创新是第一动力

创新指的是人们为了发展的需要，运用已知的信息，不断突破常规，发现或产生某种新颖、独特的有社会价值或个人价值的新事物、新思想的活动。

惟创新者进，惟创新者强，惟创新者胜。创新是引领发展的第一动力，抓创新就是抓发展，谋创新就是谋未来。习近平总书记在党的二十大报告中强调："坚持创新在我国现代化建设全局中的核心地位。"新时代新征程，只有持续增强创新这个第一动力，把科技的命脉牢牢掌握在自己手中，在科技自立自强上取得更大进展，才能不断提升我国发展独立性、自主性、安全性。

距离雄安新区2000千米外的南海之滨，坐落着一座年轻的世界超级城市，这座城市的别称叫"鹏城"，它就是大名鼎鼎的经济特区深圳。

从“杀出一条血路”到“改革不停顿开放不止步”，从经济特区到中国特色社会主义先行示范区，深圳用40年时间走过了国外一些现代化大城市上百年才走完的历程，这是中国人民创造的世界发展史上的一个奇迹。40年，深圳何以从一个边陲渔村蜕变成举世闻名的一线大都市？

创新，始终是深圳发展的核心词，是这座城市最亮丽的名片。

习近平总书记说，创新是引领发展的第一动力。创新是多方面的，包括科技创新、理论创新、体制创新、制度创新、人才创新等，要推动以科技创新为核心的全面创新。

■ 推动以科技创新为核心的全面创新

◎●◎ 创新是成功的必经之路

1983年，一位普通的退伍军人转业到深圳。4年后，他成为千军万马创业大军中，一匹不那么年轻的马。

他叫任正非。1987年已43岁的他，绝对属于“高龄”创业者。不过，在深圳这座年轻的城市，英雄不问来路，更不问年龄。任正非用21000元注册了华为，一脚踏入通信领域。

起初，华为看上去与改革开放之初的很多小公司并无区别，“十几个人，七八条枪”，既无产品，也无资本。任正非所做的，就是把从香港买来的交换机，卖给县级邮电局和矿山企业。

不过，起步10年之后，这家企业开始瞄准创新。任正非说：创新虽然很难，但它是唯一的生存之路，是成功的必经之路。

在他看来，创新是广义的，包括技术创新、制度创新、营销模式创新、决策体制创新等。

如今，华为在世界范围内约有20万员工，在通信领域早已实现了当年的梦想，还排名领先。

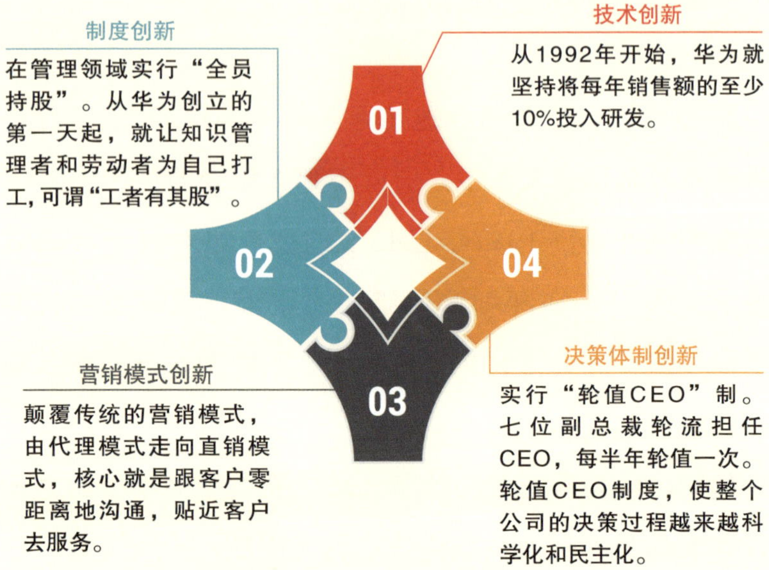

■ 华为的创新思路

◎●◎ 搭建科研创新平台

刘若鹏是深圳的一名“80后”科技达人，主要从事超材料领域研究。2009年，他率领团队用超材料技术成功研制出“隐身衣”，这一成果论文发表在权威杂志《科学》上，在世界范围内引起轰动。

2010年，刘若鹏创建深圳光启高等理工研究院，短短几年时间，将世界前沿的超材料理论实现了产业化，并开始形成一个新的产业链。这使得中国在超材料领域的技术令人刮目相看，我国超材料研究与应用基本处于全球领先水平。

2011年，超材料电磁调制技术国家重点实验室依托于深圳光启高等理工研究院建立，这是我国首个超材料技术的国家重点实验室。目前，光启通过建立国家级创新平台，省市级重点实验室、工程实验室，已形成国家级创新平台—省市级重点实验室—工程实验室等多层次全链条的超材料创新体系，科研创新平台支撑作用明显。

在深圳，人们对杀出一条血路、闯出一片天地、开创一番事业的愿望非常强烈，对于新兴事物、前沿领域研究充满了进取精神。即使新兴事物一开始只是星星之火，在这里也可以通过引进团队、构建创新平台，去让它生根、发芽、落地，最终发扬光大。相信随着社会的发展，深圳科技创新领域里会出现一大批新型科学研究平台，去迎接重大的人类科学所面临的命题和挑战。

◎●◎ 鼓励创新，宽容失败

2006年，在深圳一个小区的单元楼内，深圳市大疆创新科技有限公司成立，它的创始人汪滔是一名“80后”青年。

■ 深圳大疆总部“天空之城”

汪滔的创业之路并非一帆风顺，最初每个月只能销售大约20台直升机飞行控制系统。不过，在深圳，汪滔创业的艰辛和接连失败，没有人看不起；相反，汪滔的项目不断得到深圳市政府及一些投资平台的关注和支持。

深圳支持创新、宽容失败的土壤助力汪滔在艰苦创业多年之后终于一鸣惊人。新产品一经上市就获得了市场的认可和好评，成功打响了大疆的品牌知名度，大疆也在无人机领域开始了大刀阔斧的前进之路。2020年，大疆在全球民用无人机市场已占据超80%的市场份额，估值超200亿美元，建立起一个拥有1万多名员工的“无人机帝国”。

为什么选择深圳？汪滔曾经的感言或许可以让我们管中窥豹：我怀揣技术谋求创业的时候，首先就想到了深圳。因为这里宽容失败，鼓励创新。我常常想，这一群初出茅庐的年轻人，不用去阿谀奉承、投机取巧，就可以在踏实做事的埋头苦干当中，达到创业之巅，这样的故事恐怕只有深圳才可以实现。

03 创新发展的成绩单

展翅飞翔的“凤凰”

“北京大兴国际机场正式投运！”2019年9月25日上午，天安门正南46千米处，习近平总书记郑重宣布。

创新型国家，指的是将科技创新作为基本战略，大幅度提高科技创新能力，形成日益强大竞争优势的国家。

新时代以来，中国科技创新交出亮眼的成绩单。习近平总书记在党的二十大报告中指出，我们加快推进科技自立自强，基础研究和原始创新不断加强，一些关键核心技术实现突破，战略性新兴产业发展壮大，载人航天、探月探火、深海深地探测、超级计算机、卫星导航、量子信息、核电技术、新能源技术、大飞机制造、生物医药等取得重大成果，进入创新型国家行列。

北京大兴国际机场

这个位于首都北京正南，地处京津冀区域的中心，俯瞰宛如凤凰展翅的机场，被英国《卫报》评选为“新世界七大奇迹”之首。

从一片荒芜到世界级航空枢纽，大兴机场从开工到投运历时近5年。在近几年的运营过程中，大兴机场克服新冠疫情影响，大力编织便利国内外旅客出行的天上、地上两张交通网。

大兴机场的建设和运营，高科技发挥了核心作用。不论是建设时对各环节的精细规划，还是开航后的种种人性化服务，都离不开现代科技的帮助。这些，也都在考验和检验着一个国家的现代科技水平。

大兴机场依托云计算、大数据、人工智能技术构建了一套全面的机场信息系统，不仅可以实现实时机场与机场之间、部门与部门之间的数据共享，从而提高管理水平，而且实现了机场与旅客之间、旅客与行李之间的信息共享，真正让旅客感受到机场管理的人性化、智能化。

曾参观过大兴机场的德国驻华大使葛策说：“我太喜欢机场屋顶的设计了。它通透、轻盈，摆脱了传统屋顶的厚重感。自然光从屋顶直射进来，让人感到温暖、惬意。”大兴国际机场再次证明，中国目前在科技创新领域走在世界前列。

◎●◎ 科技整体水平大幅提升

党的十八大以来，在党中央的坚强领导下，在全国科技界和广大科技工作者的共同努力下，我国科技整体水平大幅提升，取得了创新发展的骄人成绩。2012年至2021年，是新发展理念深入人心的10年，也是创新发展成果喷涌而出的10年。

重大创新成果竞相涌现。除了上面提到的以大兴国际机场为代表的“大国重器”，我国还在量子信息、铁基超导、中微子、干细胞、脑科学等前沿领域取得一批重大原创成果，在载人航天与探月、全球卫星导航、大型客机、深地、深海、核能等战略性领域攻克一批“卡脖子”关键核心技术。面对突如其来的新冠疫情，科技战线在药物和疫苗研发、检测试剂以及试验动物模型等方面均取得重大突破，为抗击新冠疫情斗争取得重大战略成果提供了有力科技支撑。

科技投入大幅提高。全社会研发经费从1万亿元增长到2.8万亿元，居世界第二位；研发投入强度从1.91%提高到2.44%；基础研究投入从2012年的499亿元提高到2021年的1817亿元，占全社会研发投入比例从4.8%提升至6.5%。科技人才队伍不断壮大，研发人员总量由2012年的325万人年提高到2021年的572万人年，居世界首位。

科技产出量质齐升。2021年高被引论文数为42920篇，排名世界第二位，是2012年的5.4倍；每万人口发明专利拥有量从2012年的3.2件提升至2021年的19.1件；公民具备科学素养的比例由2010年的3.27%提高到2020年的10.56%。内地入选世界高被引科学家数量由2014年的111人次提高到2022年的1169人次。我国科学家先后获得“诺贝尔生理学或医学奖”“克利夫兰奖”“维加奖”等国际重要奖项。

◎●◎ 彰显“科技为民”底色

“要把满足人民对美好生活的向往作为科技创新的落脚点，把惠民、利民、富民、改善民生作为科技创新的重要方向。”2018年的两院院士大会上，习近平总书记如是说。

10年来，科技为民、创新利民的导向日益突出，科技红利造福千家万户。

在生态保护方面，生态环境部不断完善新时代生态环境科技创新体系，加强大气、水、土壤污染防治科技攻关，助力打赢蓝天保卫战、污染防治攻坚战。科技创新让我们的祖国天更蓝、山更绿、水更清，生态环境更美好。

在交通出行方面，“复兴号”动车组实现对31个省区市全覆盖，C919大飞机、高速磁浮试验样车等装备研制取得重大突破。智能船舶、智能网联汽车、无人配送、自动化码头等加快发展。日新月异的交通发展，已成为切切实实的民生红利。

从能源安全到医疗保障，从脱贫致富到推动就业，科技写就了最生动的中国民生故事。“科技为民”始终是创新步伐的前进方向，科技绘就的美好生活画卷正在中华大地上徐徐展开。

科技为民　创新利民

科技创新大潮澎湃，千帆竞发勇进者胜。在全面建设社会主义现代化国家新征程中，亿万中国人民团结起来，开拓创新、顽强拼搏，就一定能取得更加骄人的创新发展成绩，一定能实现建设世界科技强国的宏伟奋斗目标！

2020年进入创新型国家行列；

2030年跻身创新型国家前列；

2050年建成世界科技创新强国。

这是2016年5月中共中央、国务院印发的《国家创新驱动发展战略纲要》确立的“三步走”战略，完成了创新驱动发展战略的顶层设计和系统谋划。

把画面切换到6年后的党的二十大。“加快实施创新驱动发展战略”，习近平总书记的讲话掷地有声。

抓创新就是抓发展，谋创新就是谋未来。自党的十八大提出实施创新驱动发展战略以来，我国不断打好创新驱动发展“组合拳”，综合国力和国际竞争力有了质的跃升。

实施创新驱动发展战略

01 >>> 不能“脚踩西瓜皮”

党的十八大报告明确提出“科技创新是提高社会生产力和综合国力的战略支撑，必须摆在国家发展全局的核心位置”，强调要实施创新驱动发展战略。在党的二十大报告中，习近平总书记再次强调要加快实施创新驱动发展战略。

创新是一个民族进步的灵魂，是一个国家兴旺发达的不竭源泉，实施创新驱动发展战略决定着中华民族的前途命运。

机长：C919 101架机状态正常，准备完毕，是否放飞？请指示。

指挥：同意放飞！

启动，滑行，机头昂起……C919飞机平稳利落地直冲云霄。

◎●◎ 国产大飞机首飞成功

2017年5月5日下午2点，上海浦东国际机场，全世界的目光聚焦在一架白蓝绿三色涂装的大型飞机上。经过1小时20分钟的飞行，我国拥有自主知识产权、具备国际水准的干线飞机C919大型客机顺利降落，首飞圆满成功，萦绕中华民族百年的“大飞机梦”取得历史性的突破。

2022年8月1日，中国商用飞机有限责任公司（以下简称“中国商飞”）宣布，国产大飞机C919完成取证试飞。9月

国产大飞机 C919

29日，中国民用航空局在北京首都机场举行仪式，正式向中国商飞颁发C919飞机型号合格证，成为中国民用航空史上的一个重要时刻。

2023年5月28日，中国东方航空使用中国商飞全球首架交付的C919大型客机，执行MU9191航班，从上海虹桥机场平安飞抵北京首都国际机场，穿过象征民航最高礼仪的“水门”，标志着国产大飞机C919完成首个商业航班飞行，成为中国民航史上的重大时刻。

◎●◎“一定要有自己的大飞机”

时针拨回到2014年。5月23日，习近平总书记在上海考察期间，专程来到中国商飞设计研发中心，登上C919大型客机展示样机，坐在驾驶舱主驾驶的座位上，了解速度表、高度表、航迹图等有关仪器仪表情况。“我们要做一个强国，就一定要把装备制造业搞上去，把大飞机搞上去，起带动作用、标志性作用。”“我寄厚望于你们。中国大飞机事业万里长征走了又一步，我们一定要有自己的大飞机！”这些话让在场的中国商飞员工们热泪盈眶。

让大飞机早日翱翔蓝天，是几代中国人的凌云壮志。

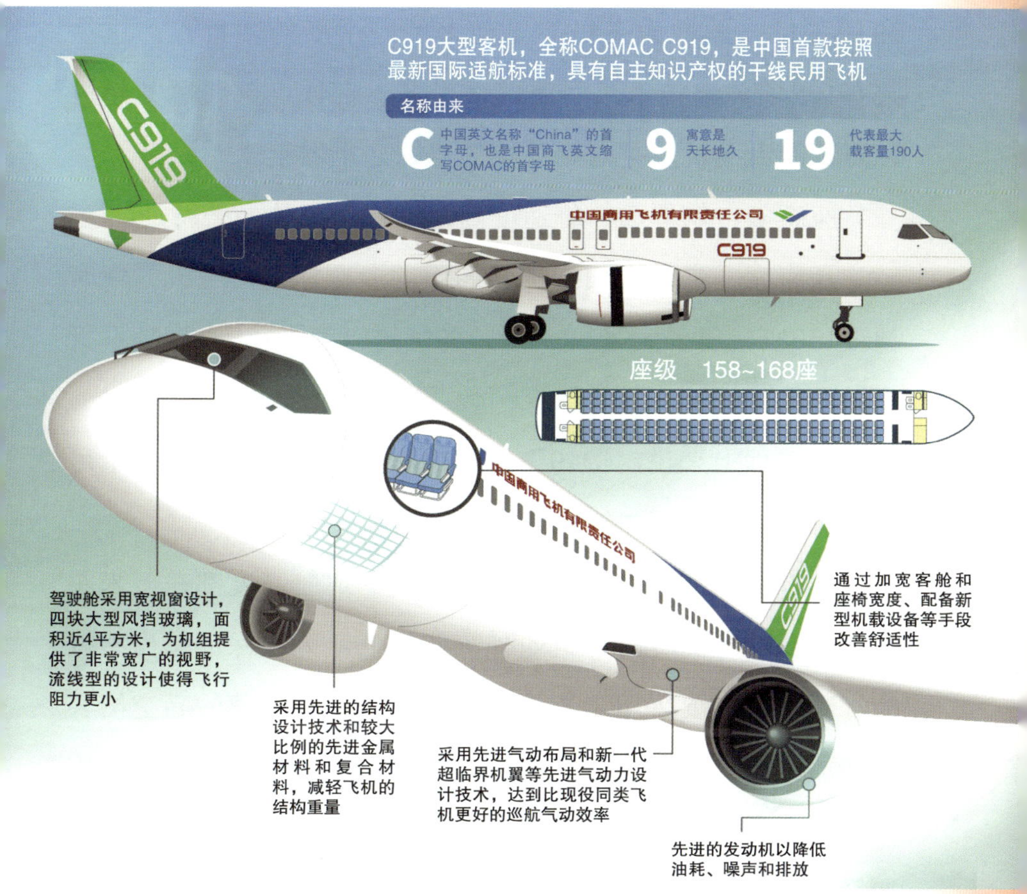

C919大型客机，全称COMAC C919，是中国首款按照最新国际适航标准，具有自主知识产权的干线民用飞机
名称由来
C 中国英文名称“China”的首字母，也是中国商飞英文缩写COMAC的首字母
9 寓意是天长地久
19 代表最大载客量190人
C919
中国商用飞机有限责任公司
座级 158~168座
驾驶舱采用宽视窗设计，四块大型风挡玻璃，面积近4平方米，为机组提供了非常宽广的视野，流线型的设计使得飞行阻力更小
采用先进的结构设计技术和较大比例的先进金属材料和复合材料，减轻飞机的结构重量
采用先进气动布局和新一代超临界机翼等先进气动力设计技术，达到比现役同类飞机更好的巡航气动效率
通过加宽客舱和座椅宽度、配备新型机载设备等手段改善舒适性
先进的发动机以降低油耗、噪声和排放

C919 飞机说明图

短暂的起飞瞬间凝聚着几代航空人数十年如一日的汗水。经过40多年的风雨兼程，从1980年到2023年，从运10飞机到C919飞机，国产大飞机终于迎来了一个新的转折点。这款共有102项关键技术，其零件、设备、部件、部段总共超过百万件的大飞机，是名副其实的“国之重器”。

座席多、航程远、舒适度高是C919飞机的显著特点。

从座席上来说，根据国际通用的专业标准，飞机的座席超过150座就属于大飞机，C919飞机的座席为168座，是不折不扣的大飞机。

从航程上来说，C919飞机的航程共有5555千米，基本可以覆盖国内的主要二线城市，飞行的覆盖面非常大。

从舒适度上来说，一般大型客机的巡航高度都在万米左右，处在这一高度时，机舱外气压很低。为了保证舱内乘客的舒适度，需要采用增压设备，用来在空气稀薄的高空给客舱增加气压。C919飞机座舱内部的大气环境大概相当于海拔2400米左右的大气环境。C919飞机的增压设备让乘客感到更加舒适。

◎●◎ 抓好顶层设计和任务落实

大鹏一日同风起，扶摇直上九万里。正是靠着国家顶层设计的强力支持，国产大飞机从一张张设计图纸到翱翔蓝天，最终“破茧成蝶”。

习近平总书记强调，实施创新驱动发展战略，不能“脚踩西瓜皮，滑到哪儿算哪儿”，要抓好顶层设计和任务落实。

近年来，我国紧盯科技强国目标，强化顶层设计和系统谋划，形成了“面向世界科技前沿、面向经济主战场、面向国家重大需求、面向人民生命健康”的科技发展系统布局。

C919飞机正是《国家中长期科学和技术发展规划纲要（2006—2020）》确定的16个重大专项之一。在这项举世瞩目的重大创新工程中，从飞机零部件研发到机翼机身材料、焊接技术研究等核心技术应用，国内有22个省份、200多家企业、36所高校、数十万产业人员参与了C919飞机的研制，形成了推动大飞机实现突破和创新发展的强大战略力量。

御风而起，鹏程万里。国产大飞机值得期待。

02 中国高铁“逆袭”全球

“孤岛现象”源自物理学中的“孤岛效应”。创新中的“孤岛现象”，主要是指在科技创新体系中，某一环节或要素与整体的科技创新体系发生“隔离”，导致在科技创新体系中形成“闭路循环”，从而影响科技创新第一驱动力的实现。

实施创新驱动发展战略，决不能各自为战、关起门来搞创新，必须握指成拳，形成合力。如果创新主体、要素、环节等与外界脱离，处于孤岛状态，就如同破碎的镜片，形成不了整体效用。孤岛化、碎片化不但难以集中力量突破“卡脖子”的关键核心技术，还容易造成同质化竞争，浪费宝贵的创新资源。

◎●◎ 闪亮的国家名片

在上海工作的任女士，因为工作原因，要经常到北京出差。从上海虹桥站到北京南站，这条京沪线她不知道跑了多少趟。最近几年，她感觉自己越来越愿意坐高铁出行了，因为“快、省事，坐着也更舒服”。“以前从上海到北京要七八个小时，后来变成了5个多小时，如今快的话只要4个多小时。手机上可以买票、选座，车上的座椅间距变大了、空间更宽敞，还可以点外卖……”任女士列举了一长串内容，总之，她有了越来越好的出行体验。

没错，从北京到上海，全程1200多千米，如果开车大约需要14个小时，骑自行车大约需要102个小时。如果步行不停歇，大约需要15天时间。如果坐飞机，加上登机时间，大约需要6个小时。

而如今，乘坐“复兴号”高铁，最快只需要4个半小时。

如今的中国，被称为“基建狂魔”，中国高铁成了我们在世界上的名片。一位来中国参加学术会议的波兰学者对中国高铁赞赏有加，回顾中国铁路的发展，从蒸汽机车，到内燃机车，再到电力机车，以及现在的高铁动车组。如今，高铁不仅成了大家的出行首选，更成为闪亮的“中国名片”和

■ 蒸汽机车

■ 内燃机车

新时代的“形象代表”。

◎●◎ 中国高铁完成惊天“逆袭”

短短几十年，中国铁路从全世界落后到世界第一，完成惊天“逆袭”，成为名副其实的“六边形战士”。

高铁路网在“四纵四横”基础上扩张至“八纵八横”。早在2008年，我国《中长期铁路网规划》便提出建设“四纵四横”客运专线，客车速度目标值达到每小时200千米以上。而到了2016年，新修订的规划在“四纵四横”主骨架基础上，又提出形成以沿海、京沪等“八纵”通道和陆桥、沿

电力机车

高铁动车

江等“八横”通道为主干，城际铁路为补充的高速铁路网。我国已成为世界上高铁运营里程最长、在建规模最大、运营动车组最多、商业运营速度最高的国家。

形成了先进高铁技术体系。以“复兴号”为代表，我国形成了具有自主知识产权的世界先进高铁技术体系。2017年6月，中国标准动车组被命名为“复兴号”，这是团队5年努力的结果。

全面提升运输服务品质。中国铁路客运周转量、货物发送量、货运周转量以及运输密度均居世界首位，铁路安全持续稳定，绿色低碳优势充分发挥。我国已建成世界上规模最大的12306铁路互联网售票系统，购票流程也在不断简化。

2020年4月，内地高铁和城际铁路实现电子客票全覆盖，乘车只需一张身份证即可进站，节约了大量时间。

◎●◎ 从创新“孤岛”上突围

中国高铁是如何实现“逆袭”的？

党的十八大以来，习近平总书记在谈到科技创新时，多次强调要消除科技创新中的“孤岛现象”。“孤岛现象”的产生囿于制度安排不合理、体制机制僵化落后、各创新主体之间协作不强等因素，造成产业链、创新链、资金链衔接不畅，相互脱节，产生“管理孤岛”“资源孤岛”“信息孤岛”“技术孤岛”等现象，导致技术转移和科技创新效率低下。

握紧的拳头，力量远比松开时大。打破创新“孤岛”，最根本的是提高协同创新能力。高铁动车是涉及诸多行业的产业链，一组“复兴号”动车组，有4万多个零部件，辐射20多个省市、600余家一级配套企业、1500余家二级供应商。中国高铁展现出中国科技创新体制机制的优势，团结一心，制造与研发团队握指成拳，开放互通，博采众长，真正实现了市场资源、科研资源利用效率的最大化，让中国高铁

科技创新中的“孤岛现象”

建设势如破竹。

共同创新、共谋创新、共享创新，打破创新“孤岛”，把“岛”串联成“陆”，这就是中国高铁的成功之道。

03 太湖实验室打造人才“聚宝盆”

“奋斗者”号突破万米深潜

2002年5月7日，中共中央办公厅、国务院办公厅在关于印发《2002—2005年全国人才队伍建设规划纲要》的通知中，首次明确提出实施“人才强国”战略。这是党从当代世界和中国深刻变化着的实际出发，根据党和国家事业发展的迫切要求而作出的重大决策。

习近平总书记在党的二十大报告中指出，人才是第一资源，要聚天下英才而用之，深入实施人才强国战略。加快建设国家战略人才力量，努力培养造就更多大师、战略科学家、一流科技领军人才和创新团队、青年科技人才、卓越工程师、大国工匠、高技能人才。

马里亚纳海沟示意图

这里是菲律宾海东南部的马里亚纳海沟。它全长约2550千米，最宽约70千米，最深约1.1万米，是已知地球表面最深处，堪称“地球第四极”。

在这个高压、低温、低氧、黑暗、寡营养的极端生态环境中，会有什么样的奇特生物存在呢？真会有传说中的深海蛟龙吗？

10909米！

2020年11月10日上午8时12分，中国载人潜水器“奋斗者”号，在马里亚纳海沟成功下潜突破1万米，达到10909米，再创中国载人深潜的新纪录，并带回了海沟底部的岩石、海水、生物等珍贵样品。

截至2022年年底，“奋斗者”号已完成25次万米下潜，万米级下潜人员累计32人。我国在万米深海的下潜次数和人数均创造了世界纪录。

早在2012年，我国自主研制的第一艘深海载人潜水器“蛟龙”号即已在7000米深度海试成功。海上试验2009年开始以来，从最初“摸着石头过河”到下潜10000余米，我国载人潜水的深度不断增长。目前，我国载人深潜技术水平已位居全球最前列。

◎●◎ 深海“领跑者”

从“蛟龙”“深海勇士”到“奋斗者”，这些持续抵达4000米乃至万米以下深海的全球领先载人潜水器，皆带有中国船舶集团第七〇二研究所的“科技基因”。由中国船舶集团有限公司、江苏省、无锡市共同发起，依托第七〇二研究所技术力量创建的深海技术科学太湖实验室（以下简称“太湖实验室”），则孕育了最新的大国海洋重器——“奋斗者”号。

太湖实验室，位于无锡太湖之滨，诞生于2020年12月30日，以深入贯彻落实党中央实施创新驱动发展战略、建设海洋强国重大部署和习近平总书记建设国家实验室重要指示为指导，在国家、省、市政府的全力扶持下，打开了传统机制的“围墙”，正迅速跻身世界深海技术前沿的“领跑者”之列。

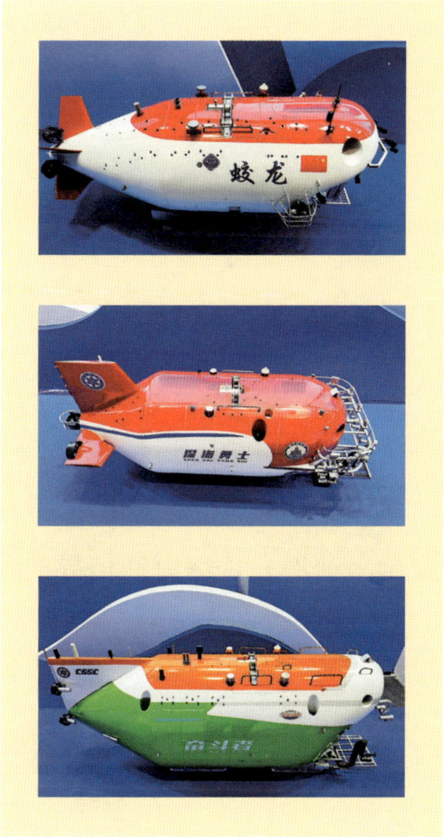

■ “蛟龙”号（上）、“深海勇士”号（中）、“奋斗者”号（下）

深海科技的世界，曾长期由美国、日本等著名高校与科研机构主导，中国不过是近十余年才进入。但加入不久，就面对着关键前沿领域的国际竞争。竞争压力既源于海外——发达国家的积淀深厚，技术封锁现实存在，也源于国内——科技资源亟待整合与共享。如何才能在较短时间内取得持续和深入的突破？

太湖实验室选择了“创新驱动”，不仅是科技创新，也包括机制创新。

◎●◎ 推进人才机制创新

创新驱动的本质是人才驱动。为聚合资源、吸纳高层次人才，打造高能级人才“聚宝盆”，太湖实验室始终对国内海洋科研界开放，保持着“不拒众流，方为江海”的态度。结合国家深海开拓开发的需求，太湖实验室瞄准了深海运载安全（深潜）、深海通信导航（深网）、深海探测作业（深

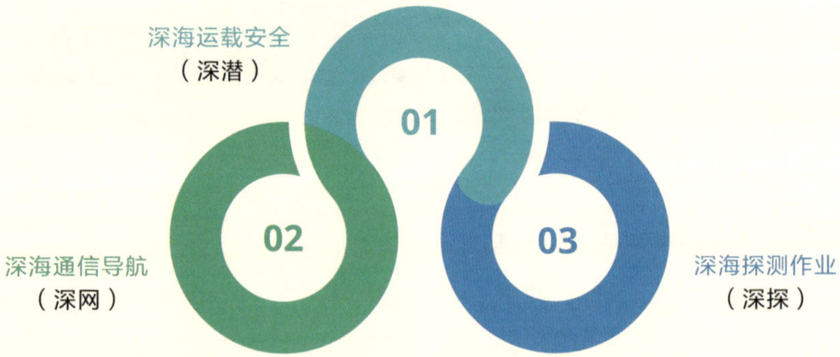

■ 太湖实验室瞄准的三大核心研发方向

探）三大核心研发方向。尝试探索中，太湖实验室初步形成了开放协同的创新机制，整合了国内深海装备力学、声学、信息、控制等领域优势科技资源。

太湖实验室机制创新的重要经验之一是人才制度的率先改革。不断创新科研体制机制，破除制约人才聚集的传统藩篱，成为太湖实验室成立以来的关键创新举措。譬如：该实验室积极探索重大科研项目任务“揭榜挂帅制”“科学家领衔制”等新模式。

“盖有非常之功，必待非常之人。”人是科技创新最关键的因素。创新的事业呼唤创新的人才。未来总是属于年轻人的。拥有一大批创新型青年人才，是国家创新活力之所在，也是科技发展希望之所在。广大青少年要树立科学精神、培养创新思维、挖掘创新潜能、提高创新能力，在继承前人的基础上不断超越。

《吕氏春秋》记载了这样一个小故事：为了让牛动起来，一个大力士去拉牛尾巴，结果“尾绝力勯，而牛不可行”；换小孩子上去，小孩子拉着牛鼻环，牛就乖乖地跟着走了。

一个人、一个组织乃至一个国家，都有“牛鼻子”，即发展全局中的关键领域、重点任务、主要矛盾。面对复杂形势和艰巨任务，牵住“牛鼻子”至关重要，用好了就能突破重点、带动全局，有“四两拨千斤”的效果。

科技是国家强盛之基，创新是民族进步之魂。科技创新，就像撬动地球的杠杆，总能创造令人意想不到的奇迹。谁牵住了科技创新这个“牛鼻子”，谁就能占领先机、赢得优势。

牵住科技创新这个『牛鼻子』

01 >>> “海底绣花”的港珠澳大桥

◎●◎ 桥梁界的“珠穆朗玛峰”

一桥连三地，沧海变通途。

阳光洒在伶仃洋的万顷碧波上，港珠澳大桥宛若蛟龙，蜿蜒腾越，蔚为壮观。

港珠澳大桥，作为中国从桥梁大国走向桥梁强国的里程碑之作，被业界誉为桥梁界的“珠穆朗玛峰”。这座世界最长的跨海大桥，东接香港，西接广东珠海和澳门，桥隧全长55千米，其中主桥29.6千米，历经6年筹备、9年施工，数万名建设者夙兴夜寐，创造了世界桥梁史上的奇迹。2018年10月建成通车后，粤港澳三地人流、车流和物流更加紧密地联系在一起，大湾区内的要素流动更为便利。

港珠澳大桥最厉害的技术创新是什么？

科技创新是原创性科学研究和技术创新的总称，指的是创造和应用新知识、新技术和新工艺，采用新的生产方式和经营管理模式，开发新产品，提高产品质量，提供新服务的过程。

党的十八大以来，以习近平同志为核心的党中央高度重视科技创新，加快推进以科技创新为核心的全面创新，对于适应和引领我国经济发展新常态，发挥科技创新在全面创新中的引领作用，加快形成以创新为主要引领和支撑的经济体系和发展模式，具有十分重要的指导意义。

每一个大桥的建设者都可以自豪地说出很多，而沉管隧道绝对是非常重要的一个。

◎●◎ 林鸣的突围之路

林鸣是中国交通建设股份有限公司总工程师。2005年，他受命开始港珠澳大桥建设的前期研究，直到2018年大桥建成通车，他带领团队攻克了一个个世界级桥梁建设技术难题，形成具有自主知识产权的外海沉管隧道建造技术体系，推动中国外海沉管隧道建设技术实现了从跟跑、并跑到领跑的跨越。

港珠澳大桥沉管隧道建设之前，外海沉管隧道建造的核心技术一直被外国公司掌握。为了把风险降到最低，林鸣希望与经验丰富的荷兰公司合作。然而对方要价过高，林鸣意识到只能走自主研发之路。几十次的方案论证，数百次的试验推演，林鸣率队踏上了突围之路。

然而创新绝非易事。

港珠澳大桥

2013年5月2日，港珠澳大桥首节沉管E1浮运出海，准备下水安装作业。在E1最后一轮沉放后，检测结果却显示与暗埋段高程误差达11厘米之多。林鸣并没有因此慌乱，而是带领团队迅速分析情况，反复推演后查明原因。经过96个小时的鏖战，E1沉管最终顺利安装到位。直到2017年5月6日最终接头胜利合龙，港珠澳大桥沉管安装经历了整整4年。4年“海底绣花”，林鸣率领团队与海浪共舞，与时间赛跑，先后攻克了深水深槽、强回淤、大径流等世界级难题。

◎●◎“半刚性”的智慧

全世界已建成的100多条沉管隧道，都是贴着海床或者河床面建设的浅埋隧道，港珠澳大桥沉管隧道是第一条深埋隧道。为了预留30万吨油轮航道，沉管需要埋入海床下20多米，也正是因为深埋产生10多倍上覆荷载，容易造成每节沉管接头抗力不足而发生塌陷。

国际隧道专家提出了“深埋浅做”方案，但这一方案代价太大，林鸣难以接受。他尝试带领设计团队从结构设计上找出路，然而将近一年的研究却没有任何进展。2012年11月8日凌晨4点多，他的脑海中突然闪出了“半刚性”结构概

■ 港珠澳大桥沉管隧道出入口

念。“半刚性”结构概念让整个团队一下子打开了思路。经过30多天连续奋战，结构方案设计完成，林鸣正式向专家组提出了“半刚性”沉管结构方案。

林鸣带着团队夜以继日地细化设计方案，经过反复推演和实验，“半刚性”从结构上解决了沉管深埋难题，在世界上首次实现了沉管隧道滴水不漏。一位国际知名沉管隧道专家说：“中国工程师们实现了真正的创新。”

港珠澳大桥建造的实践表明，真正的大国重器，核心技术、关键技术一定要掌握在自己手里，化缘是化不来的，要靠自己拼搏。只有这样，才能真正确保掌握竞争和发展的主动权。

02 “中国智造”闪耀冬奥

“中国智造”是指我国加快推进产业结构调整，适应需求结构变化趋势，完善现代产业体系，积极推进传统产业技术改造，加快发展战略性新兴产业，全面提升产业技术水平和国际竞争力的一项重要发展战略。

铁路技术、新能源汽车、消费级无人机、量子通信、5G等，都是近年来“中国智造”的典型代表。

2022年1月29日，一则名为“美国运动员被北京冬奥村的床震惊了”的标题登上热搜榜首位。

1月28日，美国雪橇运动员萨默·布里彻入住北京冬奥村后，分享了自己的入住体验。当被问及北京冬奥村的床铺时，布里彻兴致勃勃地将镜头对准卧室里的智能床，她边拿起遥控器边说“我有一些令人难以置信的东西要分

■ 北京冬奥村

享”。

随后，她通过遥控器调节床头和床尾的角度。画面一转，布里彻惬意地躺在床上：“我现在处于零重力模式，这真的绝了！”

令外国运动员赞不绝口的智能床，只是“中国智造”服务北京冬奥的一个缩影。

◎●◎ 奥运冰五环惊艳亮相

在北京冬奥会开幕式上，瀑布从天而降凝结成冰，近三层楼高的冰立方徐徐升起，绚丽的激光打在冰立方上雕刻出晶莹剔透的五环。奥运冰五环的出场，震撼了海内外观众。奥运冰五环惊艳亮相背后，正是LED技术与光影艺术的完美

奥运冰五环

融合。它的结构特点是异形、大跨距、低刚度，它的设计和火箭研制异曲同工，对重量和精度要求都很苛刻。奥运冰五环参照航天结构设计的方法，为五环研制了“骨骼”铝合金桁架结构、“衣服”LED显示屏、“外套”扩散板，让五环也跟火箭的箭体一样，既坚又轻。另外，五环要在整个地面系统的最大升降装置冰立方中升起，每一个过程都要配合得严丝合缝。

◎●◎ 智能雪蜡车

顶级赛事需要顶配装备。给滑雪板打蜡，能有效减少雪板摩擦，提升滑雪板的可操控性和滑雪速度，直接影响运动员的竞赛成绩。滑雪板打蜡需要一个严苛的工作环境，一台先进的保障车辆便尤为重要，而这种车辆的核心技术长期由冰雪运动发达国家垄断。在没有任何成功经验可参考的情况下，中国只用了不到一年，研发人员便完成了雪蜡车从概念到方案、从设计到制造的重大突破。这款由中国完全自主生产的智能雪蜡车可实时监测温度、湿度、空气质量等数据，为精确到0.01秒的滑雪竞速提供专业智能化的雪板打蜡策略。冬奥会期间，中国智能雪蜡车平均工作时长在16小时左右，其间曾连续多日24小时运转，保障打蜡师对8000多副雪板进行测试和打蜡工作，为冰雪健儿取得佳绩提供了坚强保障。

◎●◎ 服务型智能机器人

北京冬奥会期间，多款服务型智能机器人活跃在导览、安防巡检、餐饮制售、配送服务、清洁清扫等多个岗位上，成为一道亮丽的风景线。在北京冬奥会主媒体中心的智慧餐厅，双臂机器人“豹大白”24小时在岗。取豆、称重、取水、上水、冲泡、拉花……娴熟的技术征服了所有运动员和工作人员。参加冬奥会的体育健儿使用不同的语言，中

■ 双臂机器人“豹大白”

国制造的便携式智能翻译设备，使多种语音识别、合成、翻译成为可能，重点语种翻译准确率不低于95%，平均每句翻译响应时间不超过0.5秒，有效促进了人与人之间的无障碍沟通。

可以说，从装备制造到赛场管理，“中国智造”润物细无声地融入到北京冬奥会的各个方面，让冬奥参与者感受到科技为冰雪运动带来的魅力。

从“中国制造”到“中国智造”，科技创新是必经之路。只有动员一切可以动员的力量，激发创新，让一切有利于自主创新的活力源泉充分涌流，才能跑出科技创新的“加速度”。

03 >>> “天宫课堂”开讲了

科学普及简称科普，是指利用各种传媒以浅显的、通俗易懂的方式，向公众介绍自然科学和社会科学知识、推广科学技术的应用、倡导科学方法、传播科学思想、弘扬科学精神的活动。

2022年9月，中共中央办公厅、国务院办公厅印发的《关于新时代进一步加强科学技术普及工作的意见》指出，要“强化全社会科普责任”，并“推动科普全面融入经济、政治、文化、社会、生态文明建设”，为实现高水平科技自立自强、建设世界科技强国奠定坚实基础。正如习近平总书记所说：“科技创新、科学普及是实现创新发展的两翼，要把科学普及放在与科技创新同等重要的位置。没有全民科学素质普遍提高，就难以建立起宏大的高素质创新大军，难以实现科技成果快速转化。”

◎●◎ 精彩的太空科普课

“太空探索永无止境，同学们好！”

2022年10月12日15时45分，“天宫课堂”第三课在中国空间站“新教室”问天实验舱开讲，神舟十四号乘组航天员陈冬、刘洋、蔡旭哲三位“太空教师”为“地球人”又上了一堂精彩的太空科普课。

小钢球让水球变“懒”？

T字扳手能自己翻身？

用2米长的吸管能轻松喝果汁？

空间站里种水稻是个啥情况？

…………

■ “天宫课堂”进教室

授课过程中，三位航天员老师相互配合，生动演示了系列实验，干货满满，让人回味无穷。

学生们被太空中神奇的物理现象深深吸引，全神贯注地观看着，生怕自己漏掉任何一个画面，仿佛自己正置身于“天宫”之中。

授课期间，航天员还通过视频通话的形式与地面课堂师生进行了实时互动交流。

这堂有趣的课，每处细节都凝结着中国强大的科学技术。问天实验舱是中国空间站的首个实验舱段，搭载多个科学实验柜，拥有强大的空间科学实验能力。空间站上的测控与通信分系统高效助力了实时课堂互动，搭建起天地往返的“信息天路”，为太空授课的顺利进行提供了稳定可靠的数据传输支撑。伴随着我国载人航天工程的发展，“天宫课堂”的课堂规模越来越大、课程越来越丰富、画面越来越稳定清晰。

◎●◎ 同学们的“听课心得”

“天宫课堂”扣人心弦的瞬间让很多学生不断思考、回味。的确，这些空间站微重力环境下所演示的现象，与在地面上所看到的差异如此之大，完全超越了日常的经验和感知，很多学生依然在兴趣盎然地继续思考、追寻其背后所包含的科学道理。旦增曲珍来自日喀则市谢通门县扎西顶村，离天空很近的地方。“我喜欢看晚上的漫天繁星，看月亮的阴晴圆缺。我也好想去空间站看一看从太空看到的青藏高原是什么样的。”

刘峙麟是哈尔滨工业大学航天学院的学生，至今他还清晰地记得2013年在初中教室里第一次观看太空授课的感受。刘峙麟说：“2013年我还是一个上初一的孩子，记得当时太空中的微重力环境状况打破了我的认知，以及水珠可以在微重力环境下通过表面张力形成完美的球形，这些使我印象深刻。以至于有一段时间我甚至梦想着像他们一样成为航天员，但是奈何身体素质不行，于是就选择了另一条道路，可以加入辅助他们的行列，做技术同样也可以成为他们最可靠的伙伴。是他们逐渐引导我走向了航空航天的道路。”

◎●◎ 种下“科学”的种子

近年来中国一直遭遇技术的“卡脖子”难题，很大程度上是因为在一些“基础科学”上一度“缺课”。从事基础科研，尤其是“从0到1”的原创性基础研究，需要有“仰望星空”的科学探索精神。科普无疑是传递科学知识、科学精神，激发青少年投身科学事业的最好方法之一。

当科学的种子撒向充满求知的心灵，总有一些梦想能长成参天大树。“天宫课堂”授课专家组成员魏红祥深有感触地说：“这几年我觉得国家的科普氛围、科教氛围在变浓，我们一直在讲爱科学、学科学、用科学，空间站从某种意义上来讲它是一个标志，会给不同的人心中种下一颗科学的种子，或者是梦想的种子，把大家对科学的向往，对科学的理解，能够更好地实现出来。”

当前，我国载人航天工程持续发展，可以预见，星辰大海的征途上，“天宫课堂”播种下的科学种子必将结出丰硕果实。

“几千年来，无论什么样的绝境，什么样的强敌，从没有人能真正地征服我们。我们闯出了一条属于我们自己的创新之路。这是一个有着无数优点，无数先进性的民族。她的潜力，任何统计学和经济学计算不出，也无法计算。”

这是在“中国天眼”FAST工程建成之时，一名网友回答热搜“为什么只有我们做得了中国天眼”问题时的留言。

道路决定命运。习近平总书记说得非常清楚：不能总是用别人的昨天来装扮自己的明天。不能总是指望依赖他人的科技成果来提高自己的科技水平，更不能做其他国家的技术附庸，永远跟在别人的后面亦步亦趋。我们没有别的选择，非走自主创新道路不可。

4

走出适合国情的创新路子

01 >>> 中国“超算”领跑世界

仰望星空，一条横跨天域的光带被中国古人称为“天河”。自古以来，它就代表着人们对于未知世界的向往和追求。而在天津，“天河”却有另一层含义。

在位于天津经济技术开发区的国家超级计算天津中心机房，伴着指示灯的闪烁和超级计算机运行时特有的蜂鸣声，一排排黑色机柜整齐排列得有如士兵，机柜上刻着的“天河”二字尤为显眼。从“天河一号”到“天河三号”，“天河”的浮点计算处理能力达到了10的18次方，其工作1小时相当于13亿人上万年的工作量。

◎●◎ 一定要研发中国自己的“超算”

“天河”能够问世的背后，凝结着一代又一代中国超算人的心血和汗水。无论工作多忙，孟祥飞总要来这里转转。

“一天不看心里不踏实。”他说。

2008年，公派留学归国的孟祥飞得知国家超级计算天津中心筹建的消息，毅然放弃所有的工作机会加入这个新团队，全身心参与到我国首台千万亿次超级计算机“天河一号”的研制和首个国家级超算中心建设中。

“一定要研发中国自己的‘超算’！”这个念头，让孟祥飞作出了自己的人生选择。

那是一段艰苦的日子。为了保障“天

超级计算机，是指能够执行一般个人电脑无法处理的大量资料与高速运算的电脑。它具有很强的计算和处理数据的能力，主要特点表现为高速度和大容量，配有多种外部和外围设备及丰富的、高功能的软件系统。

1929年《纽约世界报》在报道中最先使用“超级计算机”这一名词。1976年美国克雷公司推出了世界上首台运算速度达每秒2.5亿次的超级计算机，此后，美国超级计算机在诸如天气预报、基因分析、核业、军事、航天等高科技领域大展身手。

超级计算机的研制水平标志着一个国家的科学技术和工业发展的程度，体现着国家经济发展的实力。

■ 国家超级计算天津中心外景

河”的运行，孟祥飞白天与团队一起开展技术攻关，晚上为“天河”值班，实在累了、困了，就在装服务器的大纸箱子上躺一会儿。仅用7个月的时间，孟祥飞和团队就完成了其他国家要用1年甚至1年半的时间才能完成的安装部署任务，保证了“天河一号”于2010年研制成功，并取得世界第一的突破。

◎●◎ 超级算力转变为强大生产力

当“天河一号”排名世界第一后，国外一些专家认为“中国就是造了一台为排名而生的大型游戏机”，认为“天河一号”速度再快，也只是摆设，因为没有应用到创新产业领域。

孟祥飞很清楚，只有把超级算力转变为强大的生产力，才能让中国在世界“超算”领域立足。作为应用研发负责人，他立下了军令状：“搞不好‘天河一号’应用，我卷铺盖走人。”

刚一“开战”，他就遇到棘手问题。2010年，国家超级计算中心要在“天河”平台上搭建有关“药物筛选分子动力学模拟”的软件，这一软件可大大提升新药研发进程，当时最大的困难就是软件无法兼容。白天，他和大家一起调试机器，晚上他一个人默默坚守。经过20多天上万次测试，终于将一个不起眼的变量“揪”了出来，重新定义之后，大功告成。

围绕“天河一号”开展的技术攻关和应用研发除了超级计算领域，还涉及航空航天、气候气象、石油勘探、生命科学等多个领域。特别是面对突如其来的新冠疫情，孟祥飞和团队快速反应。经过两周不分昼夜的努力，世界首个新冠智能影像辅助诊断系统成功上线，为国内外200余家医疗和科研机构提供服务。

正是十几年如一日的执着和坚持，孟祥飞和团队实现一次次技术创新，将“天河”系列超级计算机打造成能够算天、算地、算人的“大国重器”。

◎●◎ 自主创新铸就超算“中国速度”

除了“天河”，“曙光”“神威”等我国系列超级计算机也把“中国创新”镌刻在世界速度之巅。截至目前，“天河”“神威”等国产超级计算机，在国际超级计算机大赛上已经拿下10多个世界第一。2016年，我国研制的“神威·太湖之光”，凭借每秒12.5亿亿次峰值计算速度，成为世界上第一台运算速度超过十亿亿次的超级计算机。值得一提的是，“神威·太湖之光”安装了40960个中国自主研发的“申威26010”众核处理器，实现自主可控。中国超级计算机在应用方面也发展良好，连续两次获得国际高性能计算机应用领域的最高奖——戈登贝尔奖。

自信人生二百年，会当水击三千里。从跟跑到领跑，从被质疑到被认可，中国超算走出一条自主、自强、自信的发展路，其中凝结着中国超算人坚韧不拔的意志、勇攀高峰的斗志。

科技自立自强是国家强盛之基、安全之要。现在，我国加快实现高水平科技自立自强已经具有了坚实基础。正如习近平总书记所指出的，“经过多年努力，我国科技整体水平大幅提升，我们完全有基础、有底气、有信心、有能力抓住新一轮科技革命和产业变革的机遇，乘势而上，大展宏图”。

02 新时代“数星星的孩子”

一闪一闪亮晶晶，满天都是小星星。想必每一个喜欢星星的孩子，都有一个天文梦。小时候，我们听着“数星星的孩子”的故事，梦想着自己有一天能成为像张衡那样伟大的天文学家。

深山中的“大锅”

浩瀚宇宙，承载着人类星际航行的梦想。今天，让我们认识一下新时代“数星星的孩子”，它就是处于深山中的一口“大锅”。

这口“大锅”，位于贵州省平塘县一个名叫大窝凼的喀斯特洼坑里。从航拍照片看峰丛之中的“大锅”，没觉得它有多大，但如果将其装满水，全世界每人可以分到4瓶500毫升的水。

这口深山中的“大锅”，于2016年9月25日落成启用，是我国拥有自主知识产权、世界最大单口径、最灵敏的射电望远镜（简称“FAST”），能够接收到100多亿光年以外的电磁信号，有“中国天眼”的美誉。

基础科学研究是指认识自然现象、揭示自然规律，获取新知识、新原理、新方法的研究活动。

加强基础科学研究是科技自立自强的必然要求，是我们从未知到已知、从不确定性到确定性的必然选择。我国面临的很多“卡脖子”技术问题，根子是基础科学研究跟不上，源头和底层的东西没有搞清楚。为此，习近平总书记在党的二十大报告中特别指出，要加强基础研究，突出原创，鼓励自由探索。

“中国天眼”是当今射电天文学的“重器”，其特色主要体现在“视网膜”和“瞳孔”的设计上。“视网膜”指反射面，“瞳孔”指馈源舱，即放置接收宇宙外信号装置系统的舱体。

作为全球首创，“中国天眼”的“视网膜”是主动反射面，可以改变形状，一会儿是球面，一会儿是抛物面。具体说来，这张庞大的可动的“视网膜”是一张由6670根钢索编制的索网，挂在一个由50根巨大钢柱支撑的口径为500米的圈梁上；索网上铺有4450块、380多种反射面单元；索网下方是2225根下拉索，每一根下拉索都被固定在地面上的作动器上，通过操纵作动器，拉动下拉索来改变索网形状，从而对天文信号进行收集和观测。

“中国天眼”的“瞳孔”即馈源舱，也是一个突破性的设计。与大多数传统射电望远镜的“瞳孔”位置是固定的不同，“中国天眼”采用的是全新的轻型索驱动控制系统，“瞳孔”可以自如改变角度和位置，更有效地收集、跟踪、监测更丰富的宇宙电磁波。

时至今日，科学家通过“中国天眼”发现的脉冲星数量已经超过740颗，这个数量远超同一时期国际上所有射电

500 米口径球面射电望远镜（FAST）

望远镜发现的脉冲星总数。“中国天眼”已成为世界上发现脉冲星效率最高的设备，成为世界上最强大的脉冲星搜寻利器！

◎●◎ 南仁东的“天眼梦”

“中国天眼”成绩的取得不是偶然的，它凝结了20多个科研机构、上百名科研人员的心血，汇聚了几千名一线工人的汗水。而最不能忘却的，就是被誉为中国“天眼之父”的已故著名天文学家南仁东先生。

20世纪80年代，中国最大的射电望远镜口径只有25米。科学家做研究，只能跑到国外。中国就不能造自己的超级望远镜吗？

造，就要造最大的、最好的！

1994年，年近五旬的南仁东放弃国外的高薪回到国内，开始主持射电望远镜计划的推进工作。不过，建造500米大口径的射电望远镜可不仅仅是一个严密的科学工程，还是一个难度巨大的建设工程，它涉及天文学、力学、机械工程、电子学、测量与控制工程、岩土工程等各个领域。整个工程从纸面设计到实际建造和运行，听起来是个遥不可及的构想。当时人们最为普遍的质疑是："有合适的地方建造吗？施工难度怎么克服呢？"

但南仁东认准了这件事儿。他大胆提出，利用我国贵州省的喀斯特洼地作为望远镜台址，建设巨型球面望远镜，并且立即启动贵州选址工作。

为了在贵州喀斯特地形区找到一个完美的洼地，南仁东带着300多幅卫星遥感图，拄着竹竿，挽着裤腿，翻山越岭12年，几乎踏遍了那里的所有洼地。有一次突遇天灾，山洪裹挟着砂石冲落下来。危难时刻，他往嘴里塞了几颗救心丸，好不容易回到垭口，才保住了性命。

南仁东一边选址，一边为工程立项奔波。他四处奔波寻求技术上的合作。经历10多年的推广，"天眼"工程逐渐有了名气，与各大院校的技术合作也有了突破性进展。2007年7月，FAST作为"十一五"重大科学装置正式被国家批准立项。

◎●◎ 夜空中最亮的星

2011年，FAST工程正式开工建设。作为项目首席科学家兼总工程师的南仁东亲自参与工程的每个部分。在长达5年

天文学家南仁东蜡像

半的建设过程中，先后有150多家国内企业、20余家科研单位、数千人的施工队伍相继投入建设。南仁东带领团队经历近百次失败，突破重重技术难关，逐渐把一张张图纸变成国之重器。

2016年9月，经过22年的设计、实施和修建，这座500米口径的球面射电望远镜，终于落成启用了。

遗憾的是，在“中国天眼”启用一年之后，南仁东因病逝世，他离开了自己热爱的天文事业，他留下了“中国天眼”继续替他探索无垠的太空。

2018年10月15日，中科院国家天文台宣布，将一颗国际永久编号的小行星正式命名为“南仁东星”，以此纪念中国“天眼之父”南仁东。夜空中最亮的“南仁东星”，如同天边的坐标，拓展着我们逐梦筑梦的边界。

南仁东带领团队研发的“中国天眼”，为基础研究擦亮了中国之“眼”。基础研究是科技创新的源头活水。当前，全球科技正处在变革时期，人类面临的共同挑战和经济社会发展迫切需要源头创新，需要基础研究的引领和支撑。走符合国情的创新路子，就是要加大一批像“中国天眼”这样的重大科技基础设施项目的投入力度，持之以恒加强基础研究。

03 “航天梦”背后的体制支撑

刘洋的太空之旅

“各号注意，30分钟准备！”零号指挥员的口令清晰坚定。

发射塔架缓缓打开，乳白色的船箭组合体巍峨耸立，静待腾空而起的时刻。

“各号注意，15分钟准备！”

“各号注意，1分钟准备！”

“5，4，3，2，1，点火！”

橘红色火焰从火箭底部猛地喷射出来，火箭拔地而起，直冲云霄，在蓝色天际画出一道壮美的弧线。

2022年6月5日，长征二号F运载火箭托举着载有陈冬、刘洋、蔡旭哲3名航天员的神舟十四号载人飞船，从大漠深习近平总书记在党的二十大报告中指出，要“健全新型举国体制”。

新型举国体制是以国家发展和国家安全为最高目标，通过科学统筹、集中力量、优化机制、协同攻关，在国家重大科技项目组织实施过程中集中协调配置资源、有效发挥资源效益。概言之，就是“集中力量办大事”，举全国之力、举人民之力，更容易去攻克那些在世界上都被称为难题的问题。

处的酒泉卫星发射中心飞赴苍穹。

这是我国载人航天工程立项实施以来的第23次飞行任务，也是空间站阶段的第3次载人飞行任务。

10年前，刘洋搭乘神舟九号载人飞船首次飞天，在“天宫一号”工作生活了13天。从神舟九号到神舟十四号，从短期驻留到“出差”半年，刘洋太空之旅的10年之变，浓缩着中国航天的蓬勃发展。

夏夜星空，闪耀的“天宫”步履不辍。繁忙的工作之余，刘洋透过天和核心舱的舷窗，遥望祖国。6个月期间，“最忙太空出差三人组”先后进行3次出舱活动，完成空间站舱内外设备及空间应用任务相关设施设备的安装和调试，开展一系列空间科学实验与技术实验，在轨迎接2个空间站

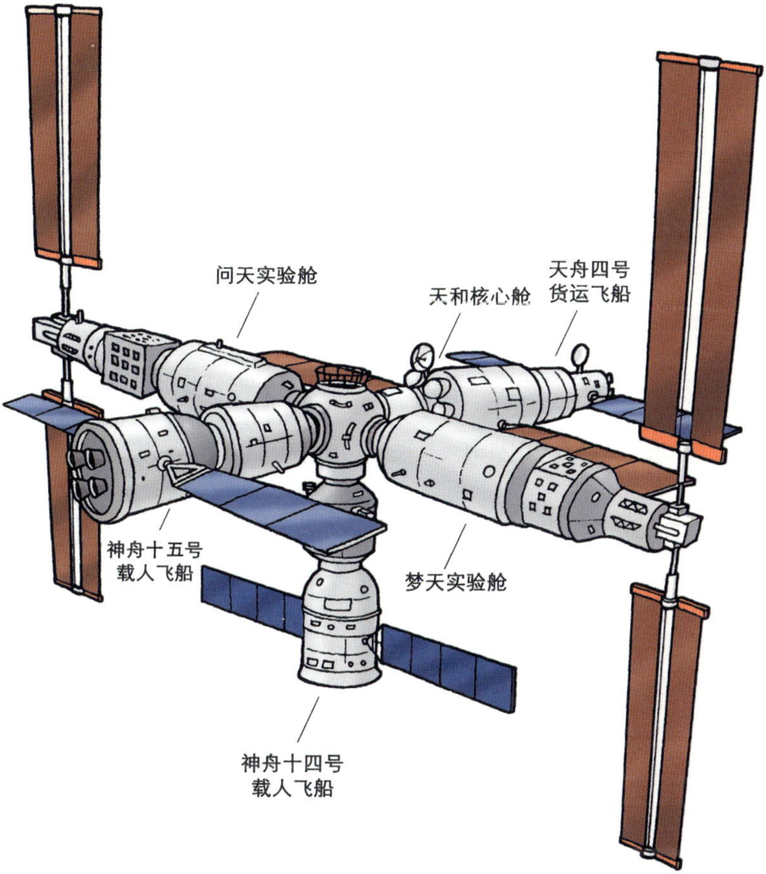

中国空间站“T”字基本构型组装完成

舱段、1艘载人飞船、1艘货运飞船的来访，与地面配合完成了中国空间站“T”字基本构型组装建造，与神舟十五号航天员首次完成在轨接班，见证了货运飞船与空间站交会对接最快的世界纪录等众多历史性时刻。

◎●◎ 辉煌成就耀太空

建设航天强国，是千千万万中国人的航天梦。近年来，中国航天跨越发展，从航天大国迈向航天强国，不断刷新着中国高度、创造着中国奇迹。

长征系列运载火箭不断提升发射能力和发射次数。近年来，以长征五号、长征七号、长征八号等为代表的新一代运载火箭成功首飞，2021年，长征系列运载火箭发射次数突破400次。其中，长征三号甲系列火箭完成全部北斗导航发射卫星的任务，助力北斗全球卫星导航系统全面建成；长征五号遥四火箭成功发射天问一号火星探测器，将探测器直接送入地火转移轨道；长征五号遥五火箭成功发射嫦娥五号月球探测器，首次实现了我国地外天体采样返回，将1731克月壤样品成功带回地球；长征七号A运载火箭托举实践二十三号卫星直冲云霄；载人航天工程“三箭客”长征二号F、长征七号、长征五号B运载火箭相继发射，筑“天和”、运“天舟”、送“神舟”，为我国空间站建设奠定了坚实基础。

中国空间站建造工程全面实施。2022年6月5日，随着神舟十四号载人飞船发射成功，3名航天员进入空间站核心舱，中国空间站任务全面转入建造阶段。同年11月，神舟

神舟十四号载人飞船发射现场

十五号载人飞船3名航天员顺利进驻中国空间站，与神舟十四号航天员乘组首次实现“太空会师”，并于2023年2月成功出舱，圆满完成全部既定任务。2023年5月30日，神舟十六号载人飞船出征太空，执行空间站应用与发展阶段的首个载人飞行任务。自2020年以来，载人航天工程先后成功实施了长征五号B运载火箭首飞，空间站天和核心舱，神舟十二号、神舟十三号、神舟十四号、神舟十五号、神舟十六号载人飞船，天舟二号、天舟三号、天舟四号、天舟五号货运飞船等多次飞行任务，突破了快速交会对接和撤离返回、自动任务规划、复杂构型航天器精密定轨和预报、机械臂遥操作控制等一系列飞控技术，建成了全国产化稳定运行的飞行控制系统平台。

探月工程“绕、落、回”圆满收官。嫦娥二号成功实施图塔蒂斯小行星飞越探测；嫦娥三号首次实现中国航天器在地外天体软着陆，玉兔号月球车完成月球表面巡视探测；嫦娥四号实现人类探测器首次月背软着陆，传回第一张近距离拍摄的月背影像图；嫦娥五号采样返回，为后续月球与行星探测奠定了坚实基础。2023年，中国将全面推进探月工程四期，规划包括嫦娥六号、嫦娥七号和嫦娥八号任务。

此外，“慧眼”“悟空”“张衡一号”“天问一号”“天琴一号”“太极一号”“羲和号”等卫星提供了科学研究新的手段。我国在轨运行应用卫星数量超过600颗，为平安中国、美丽中国、数字中国建设等发挥重要作用。

◎●◎ 中国航天为什么能

新型举国体制是关键。

实现追逐浩瀚宇宙的“航天梦”，需要始终集智攻关、协同创新。中国航天事业的成功是在党的坚强领导下，在全国人民举国同心的大力支持下，系统有效组织全国科技力量，大力协同、密切配合、攻坚克难的结果。每次重大任务的成功，都是跨部门、跨地区、跨专业至少数千家单位的万名科技工作者，协同攻关、共同奋斗的结果。

对此，习近平总书记指出："要继续发挥新型举国体制优势，加大自主创新工作力度，统筹谋划，再接再厉，推动中国航天空间科学、空间技术、空间应用创新发展，积极开展国际合作，为增进人类福祉作出新的更大贡献。"

一人飞天凝结万人心血。在新的历史起点上，中国航天人将在党中央的坚强领导下，以"新型举国体制"为制度引擎，在筑梦太空的征途上散发出夺目光彩。

一则新闻报道说，一头鲸被发现死在草原上，而它死亡的地方距离最近的海岸线近800米远，奇怪的是在它的身上没有发现任何伤痕。这么一个庞然大物，为何会出现在草原上？动物保护组织部专家经过深入调查，发现海岸边的沙滩和草皮上，都有重物滚动碾压过的痕迹。原来，这头鲸在被海浪冲上岸搁浅后，希望通过翻滚回到海中，遗憾的是，它弄错了方向，奔着草原一直努力，直至死亡。

这个故事说明一个问题：方向至关重要。如果朝着正确的方向前进，哪怕再困难，也能到达成功的彼岸，但若方向选择不对，投入越大结果可能越糟糕。

当今世界，科技飞速发展，可以说是突飞猛进、一日千里。推进科技创新，首先要牢牢把握科技进步大方向，寻找科技创新的突破口，抢占未来科技发展的先机。

牢牢把握科技进步大方向

01 “大数据”成为“新引擎”

智能“魔镜”

清早，当你站在镜子前，看似普通的镜面开始出现文字，显示当日天气和时事热点，伸手触摸镜面还可听音乐、看微信、学做菜等。当你拿起智能牙刷刷牙时，你的刷牙数

■ 航拍国家大数据（贵州）综合试验区展示中心

大数据指具有数量巨大、变化速度快、多样化和价值密度低等主要特点的数据集合。“大数据”在物理学、生物学、环境生态学等领域以及军事、金融、通信等行业存在已有时日。

随着信息技术和人类生产生活交汇融合，互联网快速普及，全球数据呈现爆发增长、海量集聚的特点。“谁掌握了数据，谁就掌握了主动权”。现在，世界各国都把推进经济数字化作为实现创新发展的重要动能，在技术研发、数据共享、安全保护等方面进行前瞻性布局。

据会上传给镜子，镜子可以了解你的刷牙时长，刷牙过程是否覆盖全口腔，甚至可以在你的牙齿出现问题时，给出专家的一些意见和治疗方案。这样的场景可不是哪部科幻电影中的镜头，它就存在于我们的日常生活中。

这款镜子叫“魔镜”，身处国家大数据（贵州）综合试验区展示中心。在展厅里，陪伴“魔镜”的还有体感交互磁力点阵翻转屏、AR互动屏、互动展墙（桌面）、可视化解读动画、可交互模型、沙盘模型、VR虚拟现实、MR混合现实等，多途径、浸入式提升观众的体验感、互动感。

前几年，“大数据”这个词在不少人眼里恐怕还是“高大上”的代名词。随着近几年信息技术飞速发展、互联网的快速普及，大数据应用渗透到我们生活的方方面面，实现了人与人、人与物、物与物之间的交流互动。

2021年，习近平总书记在贵州考察时提出，贵州要“在实施数字经济战略上抢新机”。从先行先试，到产业聚集，这些年来，贵州数字经济异军突起，大数据已经成为贵州的一张新名片。

◎●◎ 巩固脱贫攻坚成果

“每年都能领到1万多元低保金，我们家的柴米油盐不用愁了。”陈维奎是贵州省毕节市威宁自治县东风镇拱桥村村民，由于肢体残疾，他基本丧失劳动能力，两个孩子都在上小学，家庭生活比较困难。通过贵州低收入人口动态监测信息平台，民政部门在了解到他家情况后，第一时间将其纳入农村低保，现在他家一年能够领到低保金1万多元，基本生活有了保障。

为实现对困难群众的精准识别、精准纳入、精准退出、精准救助，贵州民政抢抓大数据发展战略机遇，充分运用“互联网＋”，依托全省数据共享交换平台，搭建了“省统筹、市县督、乡镇核”的低收入人口动态监测信息平台。平台可主动发现救助农村易返贫致贫人口，切实做到动态预警、动态排查、动态清零，实现对低保对象、特困人员、低保边缘人口、易返贫致贫人口的动态监测预警全覆盖，有效保障了全省城乡困难群众的基本生活。

◎●◎ 群众共享数字红利

“当前空气温度为20.4摄氏度，湿度97%，第一层土壤湿度23%……”贵阳市修文县谷堡镇平滩村村民黄林点开手

■ 修文猕猴桃

机上的APP，获取自家百余亩猕猴桃的基本情况。得益于猕猴桃种植区的物联网传感设备和传输网络，黄林在家也可以对猕猴桃生长环境数据进行实时监控。

贵州省贵阳市修文县是全国第三大猕猴桃产区。近年来，修文县把大数据“嫁接”到猕猴桃产业，给产业发展插上了科技的翅膀。大数据的应用，不只是在前端提供种植精准指导，而且在仓储物流、分拣包装、精深加工、市场销售等环节也都有介入，科学指导管理，有效把控品质，精准指导销售，实现农产品种植过程透明可溯源，加工仓储数据清晰，销售数据反馈应用到种植，实现了大数据与猕猴桃产业深度融合。据了解，修文县全县约占90%的贫困劳动力参与猕猴桃产业，带动就业数万人，带动广大农民增收数十倍。猕猴桃产业已成为村民脱贫致富的重要载体。

贵州大数据发展在国家大数据战略实践中贡献了创新方案。数据蕴藏价值，创新引领未来。浩瀚的数据海洋如同工业社会的石油资源，蕴含着巨大生产力和商机，谁掌握了大数据技术，谁就掌握了发展的资源和主动权。我们要加快实施国家大数据战略，大力普及和广泛运用大数据等新一代信息科技，使大数据产业成为拉动经济社会高质量发展的新引擎。

02 >>> “张北的风点亮北京的灯”

2022年1月17日的外交部例行记者会上，外交部发言人赵立坚在回答记者关于北京冬奥会“绿色办奥”理念的提问时，讲到了一个被交口称赞的浪漫故事，叫作“张北的风点亮北京的灯”。

清洁能源，即绿色能源，是指不排放污染物、能够直接用于人们生产生活的能源。太阳能、风能、生物能、水能、地热能等，都是清洁能源的重要组成。

发展清洁能源，是改善能源结构、保障能源安全、推进生态文明建设的重要任务。中国坚持节约资源和保护环境的基本国策，积极发展清洁能源，提高能源效率，推动形成绿色发展方式和生活方式，努力建设天蓝、地绿、水清的美丽中国，实现人与自然和谐共生。

大风变“绿电”

自北京向西北200多千米，翻过燕山，便来到河北省张家口市张北县。张北地处内蒙古高原南缘的坝上地区，这里被称为“风的故乡，光的海洋”，风能和太阳能资源极为丰富。俗话说得好：张北一场风，从春刮到冬。千百年来，特殊的地理环境使得风能资源接连不绝从内蒙古高原经此南下。过去，人们从未想过这是大自然的馈赠，而视之为荒凉之地。是科技，把张北的风转化为清洁电力，源源不断地输入北京，为北京冬奥会实现了“碳中和”目标，也为冬奥会打下美丽的中国底色。

漫步在张北坝上草原，天高云淡，风车林立，桨叶劲

■ 河北张家口坝上草原风车

舞，风电塔筒上涂着北京冬奥会会徽和奥运五环元素，构成了塞外锁钥张家口的新景观。

你知道吗？2022北京冬奥会的场馆，用的全部是“绿电”，这在奥运史上尚属首次。所谓“绿电”，即绿色电力，是指在生产电力的过程中，二氧化碳排放量为零或趋近于零，相较于其他方式（如火力发电）所生产的电力，对于环境冲击影响较小。“绿电”的主要来源为太阳能、风能、地热等。北京冬奥会全部场馆使用的“绿电”，主要是河北张家口的风力发电和光伏发电通过张北柔性直流电网工程输入的——张家口可开发风能资源储备量达到4000万千瓦以上，太阳能可开发量达到3000万千瓦，可再生能源的储备非常充足，足够保证冬奥场馆“绿电”的供应。

◎●◎ “绿电”的奇妙旅行

风电资源是有了，这些绿色能源是如何稳定地送到冬奥赛场的？

受自然风速影响，风电的特点是风速不受人控制，但风电并入电网必须稳定，不稳定的电流，可能导致电网瘫痪。因此，解决新能源并网的问题迫在眉睫。中国给出的解决方案就是利用高科技把一部分电能储存起来，闲时备着忙时用，就像“充电宝”一样。例如张北柔性直流电网工程，就代表着智能电网的一种可行方案，可以说是一场科技与绿色有关的探索。在电力人的努力下，该工程创造“世界上第一个真正具有网络特性的直流电网”“世界上第一个实现风、光和储能多能互补的直流电网”“世界上最高电压等级最大容量的柔性直流换流站”等12项世界第一。柔性意味着可调可控，让时断时续、随机波动的新能源电力，可以大规模储存和输出，让“绿电”照进现实。

◎●◎ 清洁能源蓬勃发展

绿色奥运，是中国对世界的承诺，我们说到做到。绿色电力不仅点亮了一座座奥运场馆，也助推风、光、氢能等清洁能源从“星星之火”形成“燎原之势”。

当下的中国，从沙漠戈壁到蔚蓝大海，从世界屋脊到广袤平原，清洁能源发展呈现勃勃生机。金沙江上，世界第二大的白鹤滩水电站累计生产清洁电能突破300亿千瓦时，不断提升我国电力供应保障能力；浙江温岭，全国首座潮光互补型光伏电站已投入运行。我国以沙漠、戈壁、荒漠地区为重点的大型风电光伏基地建设也已拉开大幕，目前第一批约1亿千瓦的大型风电光伏基地项目已全部开工。

面向未来，我国将继续贯彻创新、协调、绿色、开放、共享的新发展理念，以科技创新不断推进绿色低碳发展，让清洁能源成为建设美丽中国的支撑点。

03 量子科技发展进入快车道

这些年，每当遇到难题，大家经常会调侃道：“遇事不决，量子力学；解释不通，平行时空。”量子力学一度成为科幻的代名词，深奥又神秘。

量子是现代物理的重要概念。即一个物理量如果存在最小的不可分割的基本单位，则这个物理量是量子化的，并把最小单位称为量子。

我们通常所说的量子科技，多数指量子信息技术，它是量子力学的最新发展。量子信息技术中，最具代表性的是量子通信和量子计算。

量子科技是新一轮科技革命和产业变革的前沿领域，加快发展量子科技对促进高质量发展、保障国家安全具有非常重要的作用。

◎●◎“量子”成为热门科学概念

“量子就是一切物质分割到最小，其无法再分割的那个单位物质或者能量。”被普通人视为烧脑概念的小小量子，正在从艰深的物理学名词变为最为热门的科技概念之一。量子通信、量子计算和量子精密测量……作为21世纪尖端科技的量子科技，成为全球科技大国集中发力的新一轮科技革命和产业变革前沿阵地。

为此，2020年10月，中共中央政治局专门就量子科技研究和应用前景进行集体学习。主持学习时，习近平总书记充分肯定了科技创新的重要性，并主张“要充分认识推动量子科技发展的重要性和紧迫性，加强量子科技发展战略谋划和系统布局，把握大趋势，下好先手棋”，“量子科技发展具有重大科学意义和战略价值，是一项对传统技术体系产生冲击、进行重构的重大颠覆性技术创新，将引领新一轮科技革命和产业变革方向”。

◎●◎“出圈”的中国量子科技

近几年，中国在量子科技领域一系列重要科学问题和关

■ 中国共产党历史展览馆“墨子号”量子科学实验卫星模型

键核心技术上不断取得突破，并在部分方向实现国际领先，令全球科技界为之瞩目。与此同时，中国在量子科技从基础研究向应用领域的转化，以及相关的战略布局也在加速。在这场关于未来的激烈竞逐中，中国已经进入发展快车道。

在量子通信方面，2016年8月，世界首颗量子科学实验卫星“墨子号”在酒泉成功发射升空，揭开了中国量子科技发展的神秘面纱。“墨子号”的升空，使中国在世界上首次实现卫星和地面之间的量子通信，构建了天地一体化的量子保密通信与科学实验体系。2017年，全球首条量子保密通信骨干线路“京沪干线”项目通过总技术验收。

在量子计算方面，2020年12月，中国科学技术大学成功构建的76个光子的量子计算原型机“九章”问世，迎来了中国量子计算领域的“高光时刻”。中国的“九章”计算速度比谷歌“悬铃木”快100亿倍，直接把“悬铃木”变成了“算盘”。2021年10月，“九章”的升级版“九章二号”成功构建，再次刷新国际光量子操纵的技术水平，其处理特定问题比目前全球最快的超级计算机快亿亿亿倍。加上2021年10月中国科学技术大学发布的超导量子计算机“祖冲之二号”，这一系列令人瞩目的成果，标志着我国的量子计算已进入世界第一方阵。

在量子精密测量方面，中国科研水平和技术应用与欧美国家旗鼓相当、各具优势。近年，我国实现海森堡极限精度的单光子克尔效应测量、200千米单光子三维成像、在室温水溶液环境中探测到单个DNA分子的磁共振谱等重大成果，并在金刚石NV色心技术路线上研发出量子钻石单自旋谱仪、量子钻石原子力显微镜等“人无我有”的创新产品。

通过中国科学家们的奋力追赶，在量子科技领域，中国整体上已经与发达国家处于同一水平线。《自然》杂志对此评价道，在量子通信领域，中国用了不到10年的时间，由一个不起眼的国家发展成为现在的世界劲旅，将领先于欧洲和北美。

◎●◎ 钱学森的回信

中国量子科技成果的取得不是偶然的，这还跟钱学森先生的一封回信有关。

20世纪90年代，量子信息作为一门新兴学科在国际学术界悄然萌芽，而国内研究者寥寥无几。作为我国量子光学和量子信息研究的开创者，郭光灿敏锐地意识到，量子信息一定会成为未来各国激烈竞争的领域。

1998年，郭光灿谋划组织量子信息香山科学会议。香山科学会议是国内知名的前沿学术论坛，以基础研究的科学前沿问题与我国重大工程技术领域中的科学问题为主题。

“为了扩大会议影响力，我想邀请一位著名科学家来主持这个会议。”郭光灿回忆，他当时一下子想到了著名科学家、“两弹一星”功勋奖章获得者钱学森。

郭光灿立刻提笔给钱学森写信，向他汇报量子信息领域的国内外进展，大胆建议我国应该以“两弹一星”精神推动量子信息的发展、抢占先机，并诚挚邀请他来主持香山科学会议。令郭光灿没有想到的是，没过多久，他就收到了钱学森的回信。信中写道“此事关系到国家大事”，就如何“组织全国力量”，钱学森还在回信中表达了他的看法。

尽管最后因为年龄、身体原因，钱学森未能参加会议，但这封信给了郭光灿极大的鼓舞：“钱老都这么关注和支持量子信息的研究，我们还有什么理由不全力以赴。”

果真如钱学森所言——全国力量被组织起来，一代又一代中国科学家前赴后继深入量子“无人区”。

量子科技不可限“量”。量子科技是事关国家安全和社会经济高质量发展的战略性领域。当前，对于量子科技领域的战略布局已成全球共识，对于经过30多年努力，已经在量子科技多个战略方向上实现领跑或进入第一阵营的中国来说，必须将创新主动权和发展主动权牢牢掌握在自己手中，更好推进量子科技发展。

我国首辆火星车“祝融号”在火星表面留下中国印记、神舟十四号航天员乘组顺利进入问天实验舱、科学家利用二氧化碳和电解产生的氢气合成淀粉……近年来，我国重大科技创新成果不断涌现，科技实力实现历史性跨越。这背后，是科学家群体的默默坚守和付出。

科学成就离不开精神支撑。科学家精神是科技工作者在长期科学实践中积累的宝贵精神财富，是中国共产党人精神谱系的重要组成部分。

新时代，加快建设科技强国，实现高水平科技自立自强，需要大力弘扬科学家精神。

弘扬科学家精神

01 ›››《寻找赛先生》缘何热播

2021年8月31日，一则短视频《寻找赛先生》登录微博、微信等平台，在全网掀起观看热潮。9月1日起，一些高校陆续发布致敬邓稼先、钱学森等科学家的话剧短片，引发持续热烈反响。9月18日12时，微博话题“赛先生的一百年”阅读量已突破3800万，视频总观看量超10万次。

同时，微博提问“怎么理解科学家精神？”引发网友热烈讨论，1小时内收到500余条回复，网民留言表达了自己的见解，如“无私奉献，实事求是”“坚持不懈，永不言败”“吃苦耐劳，为国奋斗”“苦干惊天动地事，甘做隐姓埋名人”。

《寻找赛先生》是科学家精神的小小缩影。在共和国的历史中，一代又一代“赛先生”们在科技报国中矢志不渝，成为当之无愧的民族脊梁。

2019年6月，中共中央办公厅、国务院办公厅印发《关于进一步弘扬科学家精神加强作风和学风建设的意见》，对科学家精神作出全面概括，主要包括：胸怀祖国、服务人民的爱国精神，勇攀高峰、敢为人先的创新精神，追求真理、严谨治学的求实精神，淡泊名利、潜心研究的奉献精神，集智攻关、团结协作的协同精神，甘为人梯、奖掖后学的育人精神。

习近平总书记在党的二十大报告中指出，要“培育创新文化，弘扬科学家精神，涵养优良学风，营造创新氛围”。

◎●◎ 胸怀祖国、服务人民

“我爱自己的家人，可是我更爱自己所从事的事业和国家。为了国家的强大，我绝不后悔。”

这段话出自中国工程院院士、被誉为“中国核潜艇之父”的黄旭华。

1970年12月26日，中国第一艘核潜艇下水。

当“钢铁蛟龙”奔向大海之际，在场的人无不热血沸腾，黄旭华更是喜极而泣。

■ “中国核潜艇之父”黄旭华

隐姓埋名，潜心钻研，他和同事们让中国成为继美、苏、英、法后第五个拥有核潜艇的国家。

黄旭华原名黄绍强，1924年出生于一个乡村医生家庭。在那个战火纷飞的年代，他目睹了祖国山河破碎、满目疮痍的景象，爱国的种子在心中萌芽。为此，他给自己改名为“黄旭华”，希望苦难中的中华民族能如旭日般升起。

新中国成立后，一个电话改变了黄旭华的一生。时年34岁的黄旭华被秘密召集到北京，担任了核潜艇研究室副总工程师。从此，他在一处荒岛上开始了长达30年隐姓埋名研制核潜艇的工作。艰难攻关的岁月里，黄旭华和同事们硬是用最“土”的办法“啃”下了一道道技术难关，实现了我国核潜艇装备从无到有的历史性壮举。

“此生属于祖国，此生无怨无悔”，黄旭华用实际行动诠释着“心有大我，许国一生”的信念。

◎●◎ 勇攀高峰、敢为人先

“山外青山楼外楼，自然探秘永无休。成功易使人陶醉，莫把百尺当尽头。”

这是“杂交水稻之父”袁隆平自题的一首小诗，这也是

■ “杂交水稻之父”袁隆平

他一生致力于科技创新研究的真实写照。跟随袁隆平从事两系法杂交水稻研究30余年的国家杂交水稻工程技术研究中心主任邓华凤这样说："袁老师经常跟我们讲，搞研究不要自满，就像跳高，跳过一个高度后又有一个新的高度，不跳早晚会落后于别人，即使跳不过也可以为后人积累经验。我们国家人多地少，杂交水稻只有创新创新再创新。"

袁隆平一直在思考，一直在创新，一直在突破。从发明"三系法"籼型杂交水稻，到成功研究出"两系法"杂交水稻，再到创建超级杂交稻技术体系，杂交水稻研究的每一次成功，袁隆平都视之为新的起点，不断地向着新的高度迈进，充满创新的精神。

◎●◎ 追求真理、严谨治学

1992年，珠海机场扩建迫在眉睫，却被炮台山拦住去路。最佳方案就是将其炸掉。

然而，这不是个小工程，爆破的难度实在太大：爆破总方量超过1000万立方米；要求一次性爆破成功；一半的土石方要被定向爆破抛入大海，另一半要松动破碎；必须确保附近的两处村庄不受影响。

一筹莫展之际，钱七虎带领团队七赴珠海，反复试验，最终设计出安全可靠的爆破方案。实施爆破那天，1.2万吨炸药在起爆器的精确控制下，分成33批，逐一起爆。轰鸣声中，片片山体飞向空中，又精准地落入大海，爆破成功了！

“国家铸盾者”钱七虎

被称为现代防护工程理论奠基人的钱七虎，在其60多年的科研生涯中，固北疆、战南洋，为祖国铸就了坚不可摧的“地下钢铁长城”。在钱七虎看来，追求真理、严谨治学就是要在科研中下“真”功夫、“细”功夫，循序渐进、实事求是，反对夸夸其谈。“实事求是难，最难的不是对人，而是对己，找到自己的缺点和问题，不断进步是非常重要的。”

◎●◎ 淡泊名利、潜心研究

2015年10月5日，诺贝尔生理学或医学奖揭晓，中国女药学家屠呦呦因其在抗疟药物方面的贡献获奖。消息传来，举世震惊，人们不禁疑惑：谁是屠呦呦？

屠呦呦，1930年12月30日出生于浙江宁波，幼年时期就对中草药十分感兴趣，大学毕业后被分配到现中国中医科学院中药研究所工作。

■ 中国首位诺贝尔医学奖获得者、药学家屠呦呦

1969年，屠呦呦临危受命，接受了抗疟药物研究的任务。疟疾，早在公元前二三世纪时就有记载，此病传染性强，此前一直没有人攻克这个难题。但她并没有退缩，背负着党和国家的重望，抗疟药物的研发慢慢地展开了。

经过数百种中药

筛选、数百次失败，屠呦呦和团队终于研制出青蒿素。自问世以来，青蒿素类抗疟药成为疟疾肆虐地区的救命药，据世卫组织不完全统计，青蒿素在全世界已挽救了数百万人的生命。

获得诺贝尔奖后，认识她的人都跑来祝贺，记者也纷纷慕名而来，但屠呦呦拒绝了绝大多数的采访。在她看来，自己所做的只是一个医学工作者应该做的事情。

数十年如一日地追求，不辞辛苦，淡泊名利，从屠呦呦身上，我们看到了真正的科学家精神。

◎●◎ 集智攻关、团结协作

2020年12月17日，嫦娥五号返回器携带宝贵的1731克月壤在内蒙古四子王旗预定区域安全着陆，探月工程嫦娥五号任务取得圆满成功。

1731克月壤，看似很轻，却又厚重。说它厚重，是因为取回月壤的历程，汇聚了全国数千家单位的数万名科技工作者的智慧、热情和汗水。从2004年“嫦娥工程”正式启动，到2020年嫦娥五号返回器安全着陆，中国探月工程“绕、落、回”三步走集智攻关、团结协作，实现“六战六捷”。

80岁高龄的中国工程院院士、探月工程首任总指挥栾恩杰在嫦娥五号返回器“回家”的那一天，就守候在位于着陆区的前方指挥所。在栾恩杰看来，“嫦娥”之所以成功，是大家共同努力的结果。壮举的背后，是无数航天人的拼搏与坚守。没有合力攻坚的集体，没有材料、制作、信息技术、测控等方面的协同，就没有探月工程的重大成就。

“用众人之力，则无不胜也。”在向着科技制高点进发的征程上，正是靠着集智攻关、团结协作的协同精神，我们才取得了一项项举世瞩目的科技成就。

◎●◎ 甘为人梯、奖掖后学

在浩瀚的星空中，有一颗“王绶琯星”，在无数青少年心中，王绶琯是一颗“科学启明星”。

作为中国天文学界泰斗，王绶琯带着为国家培养杰出创新人才的责任感和使命感，致函数十位院士和专家，呼吁共同开展北京青少年科技俱乐部活动，为有志于科技事业的青少年成长搭桥铺路。20年间，先后有5万多名中学生参加了北京青少年科技俱乐部的活动，其中约3000人参加了近200个科研团队及国家重点实验室的科研实践，早期会员中有人已成为国际科学前沿领军人物，在科研上独当一面。

科技创新，贵在接力。科学之所以不断发展进步，是因为有一代又一代的科学家甘为人梯，为青少年成长铺路搭桥，让青年才俊像泉水一样奔涌而出。正是这种甘为人梯、奖掖后学的育人精神，让中国的科学家精神薪火相传，使中国的科技事业后继有人。

中国科学院院士、天文学家王绶琯

02 >>> 科学无国界，科学家有祖国

爱国主义是指个人或集体对祖国的一种积极的和支持的态度，揭示了个人对祖国的依存关系，是人们对自己家园以及民族和文化的归属感、认同感、尊严感与荣誉感的统一。

爱国主义是科学家的内在品质和成长条件，是科学家取得科学成就的催化剂，促使科学家把个人的命运同祖国的命运结为一体，把自己融入国家建设中实现人生价值。

路易斯·巴斯德是法国著名的微生物学家、微生物生理学的开创者，在欧洲享有很高的声望，德国的波恩大学郑重地把名誉学位证书授予了这位赫赫有名的学者。但是，1870年普法战争爆发后，德国占领了法国的领土，出于对自己祖国的深厚感情，巴斯德毅然决然地把名誉学位证书退还给了波恩大学。当有人用“科学

无国界”这句话来劝说他时，他便在“科学无国界”后面添上了一句：“但科学家是有祖国的。”后来，人们就常用巴斯德的这句“科学无国界，科学家有祖国”来形容一个科学家的爱国情怀。

◎●◎ 振兴中华，乃我辈之责！

2009年12月24日，黄大年走下飞机，迈出了归国的第一步。虽然之前他也多次回国，但这一次，不同以往。他毅然放弃在英国的优渥生活，说服妻子卖掉经营多年的中医诊所，留下还在读书的女儿，告别共事多年的研究团队，回到母校吉林大学出任地球探测科学与技术学院教授。

■ 地球物理学家、时代楷模黄大年

“为什么抛下那么多毅然回国？”经常有人问黄大年这个问题。

是啊，为什么回国？他在英国ARKeX公司任高级研究员12年，是航空地球物理研究领域享誉世界的科学家，主持研发的多项成果都处于世界领先地位。

“我爱你，中国；我爱你，中国……”这句歌词或许是最好的答案！无论身在何处，《我爱你，中国》都是他最喜爱的歌，歌里有他对祖国深深的爱。

“振兴中华，乃我辈之责！”1982年1月，他在大学同学毕业纪念册上的留言就已表明了爱国报国的心志。

◎●◎ 我的归宿在中国

追溯他的成长历程，会发现对祖国的爱一直都是他最深的情结。

1992年，黄大年获得“中英友好奖学金项目”全额资助，赴英国攻读博士学位。出国前，黄大年坚定地对同学说：“我一定会把国外的先进技术带回来！”

在国外期间，黄大年时刻准备为祖国贡献力量。他说：“作为中国人，无论你在国外取得多大成绩，而你所研究的领域在自己的祖国却有很大的差距甚至刚刚起步，那你都不是真正意义上的成功。”

“回想当初的选择，我没有后悔过。”这是黄大年常说的话，“为国担当，是父母从小的教诲。我是国家培养出来的，我的归宿在中国。”

回国不久，黄大年就被国家选为“深部探测关键仪器装备研制与实验项目”首席科学家，他一方面协助国土资源部（现自然资源部）完善战略部署，另一方面又在具体实施过程中担任项目直接负责人，从一名尖端科技研发科学家变身为一个大国的战略科学家。

◎●◎“拼命黄郎”

回国后，黄大年仿佛铸剑者，为我国的航空地球物理事业开启“拼命黄郎”工作模式，为祖国在航空地球物理领域的目标——巡天探地潜海，向深地深空深海进军铺路筑桥、锻造利器。固定翼无人机航磁探测系统工程样机研制成功，填补了国内无人机大面积探测的技术空白；无缆自定位地震勘探系统工程样机研制突破关键技术，为开展大面积地震勘探提供了技术支持和坚实基础；成功研制出万米大陆科学钻探工程样机“地壳一号”，为实施我国超深井大陆科学钻探工程提供了强有力的技术装备支持。

骄人成果的背后是艰辛的付出。回国7年，黄大年像陀螺一样不知疲倦地旋转，常常忘了睡觉、吃饭。“坐火车、坐飞机时，不是改PPT就是看资料，什么事都要做到极致。入住酒店后第一件事从来都是工作。每次劝他注意休息，他都只是笑笑。”学生回忆道。黄大年说，他只是千千万万海归学者中的普通一员，有好多兄弟为了祖国的事业已经倒下了，但这并不能阻挡后来者前进的决心，看着中国由大国向强国迈进，一切付出都是值得的。

爱国，是人世间最深层、最持久的情感，是一个人立德之源、立功之本。黄大年们的一生追求与祖国需要紧紧联系在一起，他们的事业，因自觉与国家需要和民族命运相结合而倍显光辉。他们激励每个中华儿女，把根深深扎在祖国的大地上，把科技成果应用在实现国家现代化的伟大事业中，为实现中华民族伟大复兴，发出最美最强的光和热。

03 擎起精神火炬

科学家走进校园

2021年6月23日上午，“时代精神耀香江”系列活动在香港理工大学正式拉开帷幕，来自国家航天领域的科学家团队走进香港校园并举行公开讲座，与青少年学子展开交流，激励青少年学子树立科学梦想和自立自强的科技自信。

> “人无精神则不立，国无精神则不强。”推动科技创新，建设科技强国，需要大力弘扬科学家精神。
>
> 青少年是国家和民族的希望，要让科学家精神内化于心、外化于形，用科学家精神点燃青春火炬，披荆斩棘，砥砺前行！

“我就是牛背上成长起来的火箭总设计师，爱国对于我是天经地义的！”长征系列火箭总设计师龙乐豪院士在回顾个人经历时动情地说，“没有中国共产党就没有新中国，没有新中国就没有我龙乐豪的今天。”龙乐豪的演讲结束后，许多前来听讲的学生热情地围了上去，或请求合影、签名，或抓住宝贵时机再次发问请教。“一个个来，慢慢说。”龙乐豪笑着耐心地给予解答。

看着他们，龙乐豪仿佛看到科学家精神的火种，正在一颗颗年轻的心里萌芽，星星之火，生机勃勃。

聆听科学家们矢志报国的经历，与科学家近距离接触和互动，让很多香港中小学生深受震撼和鼓舞。

施嘉颖是德兰中学的学生。科学家们勇于探索、认真求索的精神感染了他。“我听到了张熇总师台上的分享，在探月工程上要做到零失误，我觉得生活中的其他事情，无论是学习，还是生活，都应该尽善尽美。我将来也要像张熇总师一样做一位科研人员，像她一样为国家尽一份力。”

油麻地天主教小学（海泓道）六年级学生梅诺晴说：“今天这个讲座我觉得很有意思，学到了很多东西，也觉得张熇总师给中国航天带来了很大的贡献。我觉得中国航天非常厉害，让我有了一个也想成为科学家的梦想，为中国航天作贡献。张熇总师也有说过，他们遇到挫折的时候，没有想过放弃，这种精神非常好，我也想学习他们不放弃的精神。”

◎●◎ 百年中国科学家主题展

与国家航天科学家团队同期走进香港并引发热潮的，还有百年中国科学家主题展。

在参观主题展的人群中，有白发苍苍的老人，有爱好天文学的青年学生，还有立志未来当科学家的小朋友。由嫦娥五号带回地球的月球土壤可谓全场焦点，尽管场内每次只可容纳10人，每人入场参观时间不得超过1分钟，排队等候的人数还是有增无减。一个小朋友说："见到月壤真容真是太

■ 百年中国科学家主题展吸引香港小学生"追星"

开心了，我们国家的航天科研成就很了不起，希望我长大后有本事从事科研工作。”

近年来，在国家尖端科技项目之中，不仅有香港高校研究团队，甚至出现了香港中学生的身影。像2016年天宫二号发射入轨，航天员在其中进行了3个由香港中学生设计的实验项目，即“水膜反应”“太空养蚕”和“双摆实验”。

◎●◎ 写给孩子的诗

精神会传递，未来亦可期。电影《我和我的父辈》中的一名航天科技工作者曾给自己的孩子写了这样一首诗：

我的孩子　如果可以

我想告诉你世间的一切奥秘

告诉你山川大河　日升月落

光荣和梦想　挫折与悲伤

告诉你

燃料是点燃自己　照亮别人的东西

火箭是为了梦想　抛弃自己的东西

生命是用来燃烧的东西

死亡是验证生命的东西

宇宙是让死亡渺小的东西

渺小的尘埃是宇宙的开始

平凡的渺小是伟大的开始

而你　我的孩子

是让平凡的我们　想创造新世界的开始

以科技创新推动中华民族伟大复兴，当代青少年责无旁贷。后浪们，擎起科学家精神火炬，向前！

2022年7月29日，全球未来科技创新合作大会在北京举行。大会以“科技赋能未来　创新引领发展”为主题，来自30多个国家和地区的科技领域专家学者、企业代表等260余人现场参会，围绕“科技创新推动全球可持续发展”“未来科技与智能制造”等议题进行了交流研讨。

这是全球未来科技创新合作大会首次在我国举办，旨在凝聚全球科技界合作共识，呼吁国际社会共同打造开放、公平、公正、非歧视的科技发展环境，推动世界各国加强科技开放合作。

俗话说得好，独行快，众行远。当今世界，发展科学技术必须具有全球视野，坚持合作共赢。中国高度重视科技创新，积极融入全球科技创新协作的“朋友圈”，让科学技术更好造福世界各国人民。

积极融入全球
创新『朋友圈』

01 >>>

“人造太阳”的中国智慧

人造太阳即国际热核聚变实验堆（ITER）计划，主要通过核聚变解决人类的能源问题，是目前全球规模最大、影响最深远的国际科研合作项目之一，建造约需10年，耗资50亿美元（1998年值）。

国际热核聚变实验堆计划承载着人类和平利用核聚变能的美好愿望。2003年1月，国务院批准我国参加ITER计划谈判，2006年5月，经国务院批准，中国ITER谈判联合小组代表我国政府与欧盟、印度、日本、韩国、俄罗斯和美国共同草签了ITER计划协定。计划实施以来，中国始终恪守国际承诺，与国际同行齐心协力，为计划的顺利推进贡献了中国智慧。

能源短缺，是近年来人类面临的日益严峻的全球性挑战，我们可能看到过以下新闻画面：

在英国，很多加油站断油，等待加油的汽车排起长龙；由于天然气价格飙升，英国电价大涨，创出历史新高。

在巴西，由于天气持续干旱，水库蓄水量不足导致水电站无法有效发电，造成了巴西电力缺口巨大。

在印度，由于国际市场上煤炭价格高涨，电煤短缺，使得印度能源供应问题雪上加霜……

这样的例子不一而足。

◎●◎ 下一代新能源

能不能找到安全、环保、稳定的新型能源，来解决人类的能源危机？这一问题，困扰了全世界几代科学家。

万物生长靠太阳，太阳是地球上一切能量的来源，如果能人造一个太阳，那么人类就能够源源不断地获得新能源了。

为了这个伟大的梦想，多个国家联合发起了国际热核聚变实验堆（ITER）计划，就是建造一个“人造太阳”，这是目前全球规模最大、影响最深远的国际科研合作项目之一。

在位于法国南部卡达哈什的180万平方米项目工地，ITER重达1250吨的杜瓦底座已平稳落位于托卡马克装置基坑内临时支撑上，这意味着ITER主机设备安装拉开序幕。

2020年7月28日，国际热核聚变实验堆计划重大工程安装启动仪式在ITER国际组织总部举行。ITER国际组织总干事评价，这标志着ITER由此前成员国制造零部件的建设阶段正式转换到装置组装阶段。

耗资100多亿欧元，吸引世界顶尖科学家和工程师参加，参与各方人口总和超过全球人口的一半……对于这个本

■ 国际热核聚变实验堆重大工程安装在法国启动

世纪最为雄心勃勃的能源科技合作项目，中国国家主席习近平在安装启动仪式的贺信致辞中说，国际热核聚变实验堆计划承载着人类和平利用核聚变能的美好愿望，计划实施以来，中方始终恪守国际承诺，中国企业和科研人员勇挑重担，与国际同行齐心协力，为计划的顺利推进贡献了中国智慧和中国力量。十多年来的积极探索和实践充分证明，开放交流是探索科学前沿的关键路径。

◎●◎ 中国的“人造太阳”

正式加入ITER组织后，中国团队最难的就是如何与国际合作伙伴在同一个话语体系和工作机制中保持平等对话、全权参与。

中国国际核聚变能源计划执行中心主任罗德隆带领团队用3年时间，编制和推演了一套与ITER组织机制完全契合的标准化项目管理体系。

从以前被动承担制造部件任务的“知其然”，到重新参与优化设计环节后的“知其所以然”，中国学到的是宝贵知识、设计理念和关键经验，与ITER组织建立了双赢的局面。

比如，以ITER计划为契机，为推动国内人才培养，国家

■ 中国“人造太阳”运行时间突破千秒

四部委开展了人才培养计划——4年时间培养1000位工程、物理和管理人才，现在，这批人已成为中国核聚变事业的担纲者。

我国先后建成并升级改造了中国环流器二号A（HL-2A）和东方超环（EAST）。前者2009年在国内首次实现高约束模式运行；后者2017年首次实现5000万度等离子体持续放电

101.2秒的高约束运行，创造世界纪录，2018年再次创下了1亿度等离子体运行的纪录。

这些实验成果，为未来ITER运行及“中国聚变工程实验堆CFETR”工程和物理设计提供了重要的实验依据与科学支持。

特别值得提及的是，中国“人造太阳”东方超环研发取得了长足进步。2021年12月30日晚，东方超环实现1056秒的长脉冲高参数等离子体运行，这是目前世界上托卡马克装置高温等离子体运行的最长时间。在位于安徽合肥的科学岛上，“人造太阳”已经完成了升级改造，开始了新一轮试验，目标是让“人造太阳”向着更“热”更“持久”发起冲击。

◎●◎ 早日点亮“聚变之灯”

成绩的取得并非一朝一夕，而是研究团队长期努力的结果。

彭学兵2006年第一次来科学岛实习，没想到13年后，这个曾经让他震撼的“人造太阳”成为自己生活的一部分，更将成为一项终生的事业。6年前他从所里应聘ITER的机械工程师，在位于法国南部海港城市马赛以北约80千米处的圣保罗-莱迪朗斯小镇ITER组织总部从事涉核研究，2019年6月他辞职回到科学岛上，“科技报国是我们青年科研人员的时代使命，我觉得我准备好了”。

这个团队的确有这样的自信。这支核聚变团队作为中国主要单位之一参加ITER计划，开展“以我为主”的国际合作，成立国际聚变能联合研究中心，已与欧、美、俄等30多个国家和地区建立合作交流关系。

有人问：“在我们的有生之年，能不能看到一个真正的人造太阳？”

中国工程院院士李建刚坦言，要将成果真正投入商用、变成每家每户可以用的电，可能至少还需要几十年，但他坚信：“在我的有生之年，一定有一盏灯能被聚变之能点亮。这一盏灯，一定要，也只能在中国。”

02 蒙内铁路的中国元素

蒙内铁路是肯尼亚共和国境内一条连接蒙巴萨与内罗毕的铁路，由中国按照国铁Ⅰ级标准帮助肯尼亚建设，是肯尼亚独立以来的最大基础设施建设项目，也是肯尼亚实现2030年国家发展愿景的旗舰工程。

蒙内铁路的修建离不开中国的帮助。中国诸多领域科技实力已达国际领先水平。作为最大的发展中国家，中国的科技进步打破了西方的技术垄断，已经成为广大发展中国家的希望所在。引进中国科技成果，改善本国人民生活质量，已成为大多数发展中国家"向往的生活"。

"吃了吗，您呐？"

"客气了，您呐！"

"老师，我们的汉语水平呀……用中国话说，那是狗撵鸭子，呱——呱——叫……”

想必不少观众对2018年央视春晚的这一段小品表演留有深刻印象。一群来自肯尼亚的女乘务员登上了中国春晚大舞台，跳起了非洲舞，说起了普通话。

这些着装整洁、仪态优美的女乘务员，如今已成为蒙内铁路线上一道亮丽的风景线。

说起蒙内铁路，肯尼亚歌手苏迪曾演唱过一首歌曲《蒙内之歌——铁路修到了我家乡》：

朋友请听我讲，铁路的故事长又长。

它凝结的是友谊，它带来的是希望。

我的家乡，一天天更加美好；

我的同胞，一天天更加昂扬……

蒙内铁路位于肯尼亚境内，全长480千米，是一条东起港口城市蒙巴萨，西至首都内罗毕的标轨铁路。2017年5月31日，由中国路桥工程有限责任公司承建的蒙内铁路正式建成通车，这是肯尼亚独立以来修建的最大基建项目，被肯尼亚人民称为“世纪工程”。

◎●◎ 体现中国标准

这条采用中国标准、中国技术、中国装备建造的现代化铁路，处处闪耀着中国元素。

■ 蒙内铁路建成通车

以规模最大的内罗毕站为例，其内部设施跟中国高铁车站的格局类似，行李安检机、闸机、检票仪等设备均由中国制造。车站里，一辆辆崭新的客运列车停靠在月台边，整装待发。蒙内铁路全线应用的运营内燃机车共计56台，由中国中车股份有限公司承制，分客运、货运、调车机车3种车型，均为中国具有完全自主知识产权的国家铁路干线牵引主力机型。

站点设计也采用了很多中国的理念。比如，通常肯尼亚火车站的站台天桥只有一条通道，很容易出现人流相向而行导致拥堵的情况，而内罗毕火车站的天桥设计借鉴了中国经验，进出口各有一个通道，从而避免了拥堵。

作为高铁运行最核心的部分，分散自律调度集中系统是铁路运输调度指挥的重要行车设备，是提高铁路调度指挥效率、保证行车安全的重要系统。而蒙内铁路使用的这套系统由中国企业设计研发，代表了目前国内最先进的水平。

◎●◎ 授人以渔

授人以鱼，不如授人以渔。蒙内铁路在技术人才培养方面，也处处彰显着“中国痕迹”。

“我感到非常幸运，部门有足智多谋的主管，我经常接受专门指导以提高工作能力，他们教给我现代火车服务的精髓，我因此也更自信。”28岁的肯尼亚人布赖恩·姆布瓜说。

姆布瓜是蒙内铁路上的一名火车调度员，蒙内铁路通车后不久就加入了运营行列。在他看来，技术转移是蒙内铁路运营的关键特征，对年轻同事职业发展和个人生活产生了持久影响。姆布瓜感激地说：“我获得的培训和指导拓宽了我的视野，为我的职业发展奠定了扎实的基础。”

蒙内铁路也改变了像艾丽斯这样的普通人的生活轨迹。2017年，经过层层选拔，艾丽斯幸运地获得蒙内铁路火车司机的培训机会，和6名伙伴一起，来到中国学习。经过大约50天的理论传授和模拟驾驶，他们熟悉并掌握了机车结构和工作原理，以及驾驶、检修与维护的标准程序。回到肯尼亚后，他们又反复演练实际操作，最终如愿以偿获得专业上岗资格证书，成为蒙内铁路的“掌舵人”。

其实，在蒙内铁路的修建过程中，中国建设者们就把知识、技术和经验，带到了非洲大陆，成了当地员工的朋友和师傅。负责建设运营铁路的中国路桥工程有限责任公司不仅资助100名肯尼亚高中优秀毕业生前往中国接受铁路相关

为保护野生动物，蒙内铁路全高架穿越国家公园

专业高等教育，而且还在当地建立了人才培训基地和铁路学院，为肯尼亚铁路事业发展培养专业人才。

◎●◎ 与野生动物和谐相处

如何让铁路与野生动物和谐相处，是蒙内铁路建设者们一直在认真思考的问题。

蒙内铁路穿越了肯尼亚最大的野生动物保护区——察沃国家公园，铁路沿线的大片区域中，栖息着非洲几乎所有的动物物种，自然生态环境异常珍贵。

在修建过程中，中国路桥工程有限责任公司以极为严苛的标准施工，并聘请专业公司开展环评。沿线取土及其他施工都在白天进行，天黑以后杜绝施工，以免惊扰动物夜间休息。在通过察沃国家公园时，为避免动物被列车撞死撞伤，蒙内铁路没有像米轨铁路那样直接铺在地面上，而是采用封闭式设计和高架桥方式，使动物得以安全通过。

为保护动物正常迁徙，建设者们与肯尼亚野生动物保护组织展开合作，研究了察沃国家公园动物迁徙的路径和生活习惯，在野生动物经常迁徙的地方专门设置了14条动物通道。在这里，大象可以自由地通过涵洞，即使是大高个子长颈鹿也能在高6.5米以上的桥梁式动物通道下安全穿过铁路。

铁路和野生动物和谐相处，让蒙内铁路呈现出一种独特的美。

不止肯尼亚的蒙内铁路，老挝的中老铁路、柬埔寨的桑河二级水电站、马尔代夫的中马友谊大桥……都见证了中国正以高科技、高品质的崭新姿态向世界传递正能量。只要始终站在人类进步的一边，站在历史正确的一边，新时代的中国就能为世界作出新的更大的贡献。

03 >>> 全球抗疫的中国力量

2022年7月15日一大早，在巴西里约热内卢的一个疫苗接种点，护士娴熟地给4岁的克拉丽丝接种了第一剂科兴新冠疫苗，她成了巴西第一个5岁以下接种新冠疫苗的儿童。

克拉丽丝的母亲伊莎贝拉说："我妈妈就是在接种疫苗前死于新冠肺炎的，卫生监督局一批准给儿童接种新冠疫苗后，我就带着女儿从圣保罗专程赶过来了。"

2020年1月24日，中国疾控中心成功分离出中国首株新型冠状病毒毒株。4月13日，一个由全球120多名科学家、医生、资助者和生产商组成的专家组发表公开宣言，承诺在世界卫生组织协调下，共同努力加快新冠疫苗的研发。10月8日，中国同全球疫苗免疫联盟签署协议，正式加入"新冠疫苗实施计划"，为全球抗疫贡献中国力量。

◎●◎ “最美的礼物”

2022年1月，巴西批准6岁至17岁未成年人可接种中国科兴疫苗，随后，科兴在巴西的合作伙伴布坦坦研究所向巴西卫生监督局提交了3岁至5岁儿童的使用授权申请，这一申请于7月13日获得正式批准，地方政府也在大力宣传为未成年人接种疫苗的必要性。一位带孩子来接种疫苗的家长说，孩子们得到了疫苗的保护，真心感谢中国的帮助！

在巴西另一座小城塞拉纳市的入口，一块写着“抗击新冠疫情模范城市”的大广告牌宣示着当地的抗疫成就。2021年2月，为研究大规模疫苗接种对遏制疫情蔓延的效果，巴西圣保罗州与中国科兴公司达成协议，为该州塞拉纳市符合条件的成年人全面接种科兴疫苗。仅4个月，当地新增有症状新冠肺炎病例数下降80%，住院人数下降86%，新增死亡病例数下降95%。疫苗效果在60岁以上的老年群体中尤为明显。

卡米拉·达席尔瓦在塞拉纳市一家医院负责消毒工作。在她看来，全市接种疫苗后不仅让自己感觉安全多了，小城也有了变化。“我在医院工作，发现新冠病毒感染者数量大大减少。感染率大幅下降对城市恢复商业活动大有好处。我

■ 巴西民众在接种中国产新冠疫苗

们可以尝试回归正常生活。”在街头，民众在街边休闲，孩童自在玩耍，人们穿梭于餐厅和店铺中，虽然还戴着口罩，但状态放松。塞拉纳民众纷纷表示，中国疫苗是“最美的礼物”，为城市恢复生机提供了坚强保护。

◎●◎ 中国疫苗“遍地开花”

在塞尔维亚，疫苗接种人群80%以上接种的是中国疫苗。塞尔维亚病毒学家坦雅·约万诺维奇的研究结果显示，在接种加强针后，约90%的接种中国疫苗者体内抗体水平极大提升。塞尔维亚总统武契奇在接受媒体采访时表示，在中国及时帮助下，塞尔维亚有效推进抗疫工作，有力保护了本国人民的生命健康安全。

在埃及，青年穆超在开罗大学学习了4年中文，毕业后在旅行社工作。新冠疫情对他的事业造成了不小的冲击。2021年4月，中国科兴和埃及生物制品与疫苗公司签署在埃及生产科兴新冠疫苗的协议，并派技术团队赴埃及落实本地化生产合作，穆超成为中国科兴公司赴埃及指导建厂的专家组翻译。

“能参与建设生产新冠疫苗的工厂，我特别有成就感！”穆超见证了埃及本土疫苗工厂的高效运转——工厂年生产能力可满足埃及本国的疫苗需求。“感谢中国朋友帮助我们生产出新冠疫苗。”穆超表示，自己的家人、朋友也因此获益，生活逐渐回到正轨。世界卫生组织驻埃及代表纳伊玛·加西尔当时发表声明表示，中埃合作生产疫苗不仅可以加速推进埃及本土的疫苗接种计划，也将进一步推动非洲地区抗疫进程。

◎●◎ 构筑“免疫长城”

授人以渔，惠及当地。中国疫苗生产技术助力很多国家构筑起“免疫长城”，除了新冠疫苗助力全球抗疫，还有近10万名中国技术和工程人员坚守海外岗位，为保障各国民众的民生福祉作出了突出贡献。

习近平总书记说过，“人类同疾病较量最有力的武器就是科学技术，人类战胜大灾大疫离不开科学发展和技术创新”。面对新冠疫情，中国本着同舟共济、合作共享的人类卫生健康共同体理念，以“硬核”的科技力量，助力全球抗疫行动，赢得国际社会的热烈欢迎和高度赞许。

让我们看看中国曾为构筑全球抗疫防线所作的努力。（见下图）

01 向153个国家和15个国际组织提供了数千亿件抗疫物资

02 向34个国家派出37支抗疫医疗专家组

03 与全球180多个国家和地区、10多个国际组织分享疫情防控经验

04 为受疫情影响的发展中国家抗疫及恢复经济社会发展提供了20亿美元援助

05 暂缓最贫困国家债务偿付，总额超过13亿美元，是二十国集团成员中落实缓债金额最大的国家

2022年6月1日国际儿童节这一天，中国科技馆为全国小朋友献上了一份特别的儿童节礼物：中国数字科技馆正式上线“让科学插上艺术的翅膀——喜迎二十大·第四届华夏儿艺科幻绘画作品展”。在精选出的146幅优秀作品中，小作者们展开想象的翅膀，尽情描绘未来科技发展的美好愿景和实现“碳达峰、碳中和”后的美丽景象，展现出中国少年儿童热爱科学、勇于探究、敢于创新的创作热情。

未来是属于年轻人的。站在时代潮头的年轻人，最富朝气、勇气、志气、锐气，是中国科技事业最需要的力量。科技创新是一场不断攀登高峰、攻坚克难的不凡征途。年轻人自当怀揣梦想，奋发图强，用创新和热情谱写出新时代的青春之歌。

在科技创新中
谱写青春之歌

01 >>> “小平科技创新实验室”来了

2022年4月16日是个让国人骄傲的日子。在太空遨游半年的神舟十三号飞船在东风着陆场平安降落，太空“出差”的航天员翟志刚、王亚平、叶光富安全顺利出舱，重回地球的怀抱。

6天后，在距离神舟十三号着陆点2000千米外的重庆市，一场沉浸式的太空探索之旅，在巴蜀中学及巴蜀云校等百余所学校铺展开来。

“小平科技创新实验室”是共青团中央启动实施的一项全国性科技创新实验室建设项目，旨在培育广大青少年求真务实、开拓创新的科学精神。

◎●◎ 点燃孩子的科技梦

把让全世界“艳羡”的“天宫课堂”搬到“巴蜀课堂”，得益于中国青少年发展基金会在巴蜀中学建设的全国首个航天科技领域的“小平科技创新实验室”。

“小平科技创新实验室”是共青团中央在中小学建设的公益性青少年科技创新服务项目，该项目在中西部地区选取部分中小学，支持创建科技创新实验室，并命名为“小平科

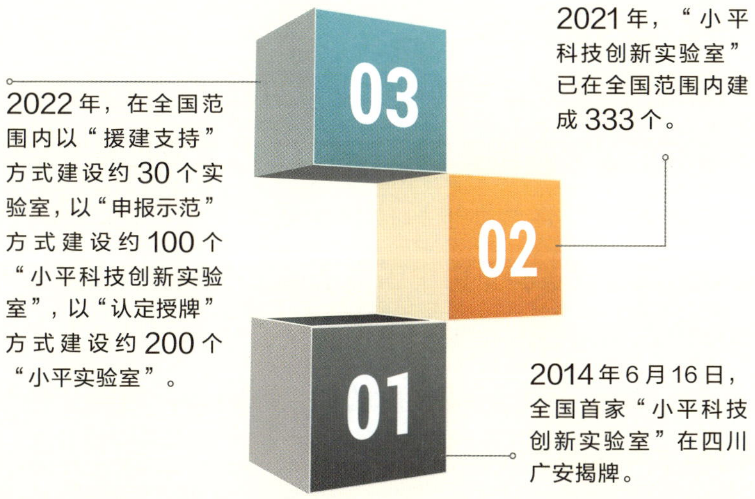

■ “小平科技创新实验室”项目建设情况

技创新实验室”，旨在支持中西部地区中小学开展学生科技创新活动，培养青少年创新意识。

正如“希望工程”一样，“小平科技创新实验室”正在点燃一个个孩子心中的希望，这些火种聚集起来必然会点燃民族的希望。

◎●◎ 覆盖众多领域

“小平科技创新实验室”着重从智能机器人、无人机、航天科技、集成电路半导体、虚拟现实、新材料、生命科学等7个领域建设和推进。

在四川广安友谊中学和宁夏银川市第九中学，由中国电子信息产业集团有限公司承建的首批集成电路半导体领域“援建支持”类“小平科技创新实验室”于2021年7月15日建设落成。该实验室由中国电子信息产业集团有限公司旗下中电港牵头建设，并组织中国长城、华大半导体、华大电子、上海贝岭、澜起科技在内的50余家公司，提供了电脑整机和100多个各类芯片样品等。

实验室分为集成电路半导体感性认知区、动手实操区、多媒体教学区、赛事教学区等四大区域，涵盖体验实验箱、历史人物事件图例、产品实物和配套学习套件。同时，为了全面贴近产业链，在集成电路样品的基础上“升级”配套了集成电路产业上下游材料，使学生更全面地了解产业发展情况。

2021年9月15日，全国首家生命科学领域“小平科技创新实验室”在新疆生产建设兵团第三中学正式揭牌并投入使用。生命科学领域“小平科技创新实验室”以营造浓厚的科学氛围为基调，以生命科学多系分支领域为基础，助力点燃中学生对于生命科学领域潜藏的求知渴望，强化科学实践能力和科学思维的养成。实验室的六大分区各司其职并有机衔接，分别为讲授演示区、分子操作区、显微观察区、实验准备区、无菌操作区和实验培养区，共同承载分子生物学、微生物学、植物学、演化及生态学、现代生物技术学及特色类探究实验等教学和实验任务，进一步拓宽学生对于生命科学探索的视野。

◎●◎ 培养动手能力

无人机、虚拟现实、航天技术、智能机器人、新材料……这些曾经让人“隔屏羡慕”的科技技术和设备，依托

“小平科技创新实验室”正在走进全国近千所中小学校，通过与他们的能力水平和认知结构相匹配的课程设计，为更广泛地区的青少年插上科技创新的翅膀。

实践是探索科学的必经之路。“小平科技创新实验室”的建成有助于打造寓教于乐的教学模式，使得教师能更好地诠释课本知识，让中学阶段的生命科学课堂更加生动有趣。

一个青少年的健康成长关系到一个家庭，一代青少年的健康成长关系到一个国家的命运。“小平科技创新实验室”通过开放式的实践教学环境，增加学生动手实践的机会，提高学生学习兴趣，强化科学实践能力和科学思维的养成，点燃了青少年对科技创新潜藏的求知渴望。

02 >>> 保持对世界万物的“好奇心”

◎●◎ 防眼镜起雾“口罩”

2020年2月，在抗击新冠疫情的关键时期，一位少年看到电视里钟南山院士戴口罩接受采访时眼镜上起了雾，就想发明一种口罩，希望能够防止眼镜起雾，这样可以方便很多戴眼镜的人。父亲得知他的想法后很高兴，并给予鼓励和支持。不久，他便研究出制作防眼镜起雾“口罩”的初步方案。“原理是通过在口罩边缘

> 好奇心是科学研究的基本驱动力。科学研究特别是基础研究的出发点往往是科学家探究自然奥秘的好奇心。从实践看，凡是取得突出成就的科学家都是凭借执着的好奇心、事业心，终身探索成就事业的。

处增加阻气带，反向贴合在鼻梁上，使得向上呼气气流压迫阻气带贴合至皮肤上，从而防止呼气向上冲到眼镜片上造成雾气。”他找出家里的创可贴，利用创可贴塑料薄层、旧口罩纱布作为阻气带的“临时替代物”。他戴着新发明的“口罩”大口地呼气，眼镜片上真的没有起雾。后来，他把专利设计原稿无偿捐献给口罩生产厂家，受到厂家的认可和感谢。“我想为疫情作贡献，所以想申请专利，这种口罩生产出来可以帮助更多的人。”他说。

这位少年叫王康宇，是江苏省淮安市勺湖小学一位品学兼优的学生。

王康宇的父亲是一名获得4项发明、15项实用新型专利授权的青年创新达人。受父亲的影响，王康宇从小就爱动脑筋肯钻研。王康宇妈妈称他很喜欢读书也很有好奇心，平时遇到不懂的东西就会刨根问底。

在同学们眼里，王康宇在学习上刻苦努力，成绩优异，是名副其实的“学霸”。他非常喜欢阅读，从童话故事到历史读本，从自然科学到天文知识，他都读得津津有味。广泛的阅读开阔了他的眼界，又让他对学习和生活充满了热情。

网友们在看到这则新闻后纷纷点赞留言：太厉害了！拥有创造力的孩子，未来可期！

◎●◎ 连动互换防护窗

全国“新时代好少年”张荣景，是湖南省长沙市中雅培粹学校的一名学生。张荣景出生在工人家庭，姥爷是机械制

保持对世界万物的“好奇心”

造技术工人，他从小耳濡目染，涉猎广泛，善于观察，热爱发明，对科技创造充满好奇和热情。12岁时张荣景已经拥有3项国家实用新型专利、4项发明作品，是知名的“创新小超人”“小发明家”，他的作品“连动互换防护窗”更是在第118届法国巴黎国际发明展上获得金奖，这是中国代表团在该发明展上获得的最高殊荣。他还带动身边同学成立金点子俱乐部，吸引了30多名同学参与，共同探索创新。

“连动互换防护窗”这个发明，主要是从透明电梯获得的灵感。它利用轮滑转动原理，打开窗户插销，随着玻璃窗的抬升，防护栏会同时缓缓下降，能防止儿童发生坠楼。这样既人性化又实用、功能性强的设计，获得了一片掌声。

◎●◎ 手榴弹式救生圈

每年夏天，儿童溺水事件就会频繁出现。浙江宁波的五年级小学生小周和小尹，每次看到这样的新闻，就会非常难受。她们想尽自己的力量做些什么，尽可能避免这样的悲剧再发生。

她们注意到，目前市面上常用的救援类救生圈重量一般在2.5千克以上，成人抛投距离一般也仅在5～8米，大大限制了有效救援的距离。“当时，孩子就冒出这样一个念头，要是可以有一种像手榴弹那样重量合适、体积小，方便投掷的救生产品该有多好啊。”小周同学的爸爸这样说。

说干就干，两位小女生在家长的配合下开始搜寻各种资料，制作想象中的产品。她们从网上买回了救生圈、充气弹、救生绳等一系列零部件，经过多次的改良，最终制作出了设想中的“手榴弹式救生圈”。

根据两个孩子的演示，救生圈的投掷可以达到20米以上，入水后，救生圈迅速完成自动充气，同时，救生圈配有可以漂浮在水面的救生绳，既方便落水者沿着绳子去抓取救生圈，也方便救援人员把落水者拉到岸边。

两位小学生还免费公开了救生圈的全部制作工艺，希望可以帮助到更多的人。

孩子们，好奇心是开启人生之路的钥匙。保持对世界万物的好奇心，去探寻、去了解，甚至去钻研，你会发现你的创造力超乎想象！

03 >>> 科技强国有我

◎●◎ 北京冬奥会的水墨动画

2022年2月4日晚，北京冬奥会开幕式如期而至。开幕式上的一幕幕精彩瞬间，让观众直呼过瘾。特别是“奥运冰五环”环节以炫目的想象力给观众留下了深刻的印象，24道激光射向冰立方，如画笔一般在巨大的冰立方上雕刻历史，从

科技强国指的是一个国家的科学技术在全球处于顶尖水平。判断一个国家是不是科技强国有几个重要标志：具有引领世界的科技创新能力、建成高水平的创新型经济、建成富有活力的创新型社会等。青少年时代正处于人的创新活跃期与产出高峰期，是从事创新创造活动的黄金时期，是实现高水平科技自立自强的生力军。

2022北京冬奥会开幕式

往届冬奥会到北京冬奥会，光影变幻仿佛时空穿越。激光、数字特效、实体机械装置与动画影像相结合的舞台高科技得以淋漓尽致地展现，尤其是“中国风”的水墨动画，堪称惊艳。

2021年11月11日，距离北京冬奥会开幕式还有84天，北京印刷学院新媒体艺术高精尖创新中心接到了一项重要任务：为开幕式上的“奥运冰五环”环节设计水墨动画。

当时，导演的要求是，动画全部要逐帧手绘，大概需要2000多帧手绘图，且动画既要体现科技感的运动线条，又要包含中国风的水墨效果。

年轻的设计团队经过2000多张纸质手绘测试和3万多帧数字笔刷测试后，终于确定了绘制方案：除第一届冬奥会的运动人形采用把宣纸固定在透明玻璃上手绘，在玻璃对面录制并处理成逐帧动画的方法外，其他22届冬奥会运动人形均采用其团队自主研发的枯笔和淡墨数字水墨画笔刷分层逐帧绘制，并结合电脑特效最终完成终稿。

能够参与北京冬奥会开幕式创作，设计团队感到无比骄傲，整个设计、准备过程点燃了他们心中的奥运精神，也点燃了他们的创作激情。

◎●◎ 点亮北斗“星光”

我国的航天事业持续取得突破，离不开锐意创新的青年科研工作者，中国科学院微小卫星创新研究院北斗导航卫星研究团队就是其中之一，而这支团队成员的平均年龄只有32岁。

2013年，是北斗三号试验星试验验证的攻坚阶段，吉林大学微电子专业的赵帅在校招活动上聆听了北斗卫星总设计师林宝军的演讲后，内心澎湃不已。他加入了团队，并马上投入到紧张的北斗三号体制论证、组网发射等工作中。

“团队鼓励年轻人大胆创新，开展了很多全国首创的技术研究工作，创新实现基于相控阵的星间链路就是其中一项。”如今已是卫星自主运行分系统主任设计师的赵帅回忆，当时正值2014年9月，位于西安的测试场地条件十分艰苦。在分管副总师的带领下，青年技术人员组成测试攻坚队伍，硬是坚持了近一个月，直到各项指标顺利达成。

在一代代航天科研工作者的接力奋斗下，创新之火持续燃烧。卫星创新研究院研制的北斗三号专用导航卫星平台，突破关键技术53项，其中6项为国际首创。这些自主研发的创新成果，就像航天领域的新星，闪耀着熠熠光辉。

◎●◎ 盾构机实现“弯道超车”

在被誉为“地下蛟龙”的盾构机领域，也活跃着一支支的青年研发团队。以靳党鹏为代表的中交天和机械设备制造有限公司团队便是其中之一。

2017年，以靳党鹏为代表的中交天和机械设备制造有限公司的青年设计人员临危受命，组建了由200多名设计研发人员组成的青年团队，他们平均年龄27周岁，其中研究生、博士生占48%。

ZOOMLION
起重臂下 严禁站人
NO STANDING UNDER THE BOOM
设备告示牌
中交天和
中交隧道

■ 盾构机“聚力一号”刀盘进入下井安装阶段

为了早日掌握TBM（全断面隧道掘进机）技术，靳党鹏带领团队几乎跑遍了国内TBM施工现场。他们不畏艰难，潜心研发，死磕TBM背后的核心技术。

经过无数次试错，靳党鹏和团队于2020年首次提出压注混凝土工法理念，将敞开式TBM掘进机与压注混凝土工法进行创新性融合，并让全球首创压注工法（DTSES）新型TBM掘进机成功获得应用，这不仅推动了TBM施工工法大创新，更是让中国TBM掘进机技术水平在世界范围内实现“弯道超车”。

古语说得好，自古英雄出少年。“青年是常为新的，最具创新热情，最具创新动力。”时代荣誉属于创新者。青年一代“要敢于做先锋，而不做过客、当看客，让创新成为青春远航的动力，让创业成为青春搏击的能量，让青春年华在为国家、为人民的奉献中焕发出绚丽光彩”。

后记

创新是引领发展的第一动力，是推进中国式现代化的战略支撑。把创新摆在国家发展全局的核心位置，不断推进理论创新、制度创新、科技创新、文化创新等各方面创新，让创新贯穿党和国家一切工作，让创新在全社会蔚然成风，是规律使然、大势所趋。少年是成长着的民族，成长着的国家，成长着的未来，创新人才培养要从娃娃抓起。

本书采取通俗易懂、图文并茂的方式，用少年愿意听、听得懂、记得住的语言，详细介绍党的十八大以来我们国家在载人航天、探月、大飞机等领域所取得的重大科技成果。这些成就的取得，不仅可以极大激发青少年的民族自豪感和自信心，而且有助于培养青少年的创新意识和创新能力，引导青少年在新时代走向创新之路，成为爱提问、爱思考、爱想象、爱创造的新一代栋梁之材。

本书的写作在北京师范大学王炳林教授的精心组织下进行，并通过线上线下方式与团队成员多次商讨，冯留建教授做了大量的组织协调工作，我负责编写提纲并撰稿。大象出版社对丛书的出版给予了大力支持，责任编辑丁子涵老师提出宝贵的修改意见，在此一并表示感谢。

由于水平所限，本书难免有不足之处，敬请专家、读者批评指正。

湛风涛

图书在版编目(CIP)数据

创新的力量 / 湛风涛编著. — 郑州 : 大象出版社,
2023. 10
(新时代讲给少年听 / 王炳林主编)
ISBN 978-7-5711-1869-3

Ⅰ. ①创… Ⅱ. ①湛… Ⅲ. ①爱国主义教育-中国-
少年读物 Ⅳ. ①D647-49

中国国家版本馆 CIP 数据核字(2023)第 185044 号

新时代讲给少年听
创新的力量
CHUANGXIN DE LILIANG
王炳林 主编
湛风涛 编著

出 版 人 汪林中
丛书顾问 王承哲 闫德亮
策　　划 张桂枝 孟建华
项目统筹 丁子涵
责任编辑 丁子涵
责任校对 马 宁
美术编辑 王晶晶
装帧设计 谢俊平

出版发行 大象出版社(郑州市郑东新区祥盛街 27 号 邮政编码 450016)
发行科 0371-63863551 总编室 0371-65597936
网　　址 www.daxiang.cn
印　　刷 河南瑞之光印刷股份有限公司
经　　销 各地新华书店经销
开　　本 890 mm×1240 mm 1/32
印　　张 5.5
字　　数 88 千字
版　　次 2023 年 10 月第 1 版 2023 年 10 月第 1 次印刷
定　　价 25.00 元
若发现印、装质量问题,影响阅读,请与承印厂联系调换。
印厂地址 武陟县产业集聚区东区(詹店镇)泰安路与昌平路交叉口
邮政编码 454950 电话 0371-63956290